Alfred Mohler

Die 100 Gesetze
überzeugender Rhetorik

Alfred Mohler

Die 100 Gesetze überzeugender Rhetorik

Mit Zeichnungen von Rudolf Angerer

Wirtschaftsverlag
Langen-Müller/Herbig

5. Auflage 2000

© 1984 by Wirtschaftsverlag Langen-Müller/Herbig in
F.A. Herbig Verlagsbuchhandlung GmbH, München
Alle Rechte vorbehalten
Schutzumschlag: Christel Aumann, München
Satz: Fotosatz Völkl, Germering
Druck: Jos. C. Huber KG, Dießen
Binden: Thomas Buchbinderei, Augsburg
Printed in Germany
ISBN: 3-7844-7137-4

Inhaltsverzeichnis

Vorwort

Das kraftvollste und zugleich subtilste Mittel, um Menschen für uns zu gewinnen, ist unsere Sprache. Mit Worten schaffen wir uns Gegner, mit Worten können wir Freunde fürs Leben gewinnen. Und an uns liegt es, wie wir von den Worten Gebrauch machen, wie wir unsere Sprache einsetzen – zu unserem Nutzen, zu unserem Schaden. Deshalb ist die Fähigkeit, seinen Gedanken vor einem kleineren oder größeren Zuhörerkreis frei von Hemmungen klar Ausdruck zu geben, einer der wichtigsten Schlüssel zum beruflichen und gesellschaftlichen Vorwärtskommen. Er öffnet das Tor zu weiterreichenden Aufgaben und neuen Möglichkeiten.

Wer seiner Meinung und seinen Vorschlägen zum Durchbruch verhelfen will, muß es verstehen, seine Gedanken richtig zu formulieren und überzeugend darzulegen. Nur dann wird es ihm gelingen, seine Mitmenschen für sich und seine Ideen, für seine Ansichten und Meinungen, seine Produkte und Dienstleistungen zu gewinnen.

Was heißt aber, seine Mitmenschen für sich und seine Ideen zu gewinnen? Haben wir sie gewonnen, wenn sie zu unseren Worten beifällig nicken? Haben wir damit alles erreicht? Genügt das? Dürfen wir uns damit zufriedengeben?

Nein! Menschen für etwas zu gewinnen heißt, sie anzuregen, sie zu Taten zu veranlassen. Nur dann waren unsere Worte wirklich wirksam, wenn sie unsere Zuhörer dazu bringen, zu handeln, positiv in unserem Sinn zu handeln. Darum geht es in diesem Buch.

Gut reden können ist eine Fähigkeit, die man nicht hoch genug bewerten kann. Aber ist gut reden lernbar? Ist gut reden lernbar, oder ist es nicht vielmehr eine Gabe, die dem einen mit in die Wiege gegeben wurde, während sie dem anderen zeitlebens vorenthalten bleibt?

Sicher gibt es ererbte Eigenschaften, und deshalb wird auch immer dieses oder jenes dem einen oder anderen leichterfallen. Wir wissen aber auch, daß Verhaltensweisen erlernbar sind. Wieso ist dennoch die Fähigkeit, gut zu reden, nicht weiter verbreitet? Vor allem deswegen, weil der Redegewandtheit an unseren Schulen und Hochschulen noch immer zuwenig Bedeutung zugemessen wird. Dabei wäre es gerade für heranwachsende Menschen und deren späteres Fortkommen wichtig, wenn ihre rhetorische Ausdrucksfähigkeit von jung auf gefördert und systematisch geschult würde. Die Tatsache, daß Rhetorik heute da und dort in Lernpläne Eingang gefunden hat, läßt erwarten, daß kommende Generationen nicht erst in fortgeschrittenem Alter werden darangehen müssen, ihre vernachlässigten und verschütteten rhetorischen Fähigkeiten freizulegen und zu fördern.

Gut reden kann man also lernen. Aber kann man es aus Büchern lernen? Man kann nicht alles aus Büchern lernen, aber man kann vieles aus Büchern lernen. So auch die Grundlagen guten Redens – die Grundlagen, auf denen in der Praxis bewußt aufgebaut werden kann.

Gerade beim Reden ist ständiges Üben außerordentlich wichtig. Doch was nützt alles praktische Üben, wenn die richtige theoretische Grundlage fehlt? Kann jemand in einer Sportart Spitzenleistungen erzielen, wenn er wohl trainiert und trainiert, seine Bewegungsabläufe jedoch falsch oder unrationell sind? Genauso beim Reden. Alles

Üben nützt wenig, wenn die gesicherte Grundlage fehlt, wenn jeder nur schaut, wie es der andere macht, und dabei auch dessen Fehler übernimmt. Hier liegt der Grund, weshalb wir immer wieder Leute erleben, die seit Jahren und Jahrzehnten als Politiker oder Wirtschaftsführer öffentlich reden und dennoch nur mittelmäßige Redner sind. Weil ihnen nie jemand gesagt hat, wie man es richtig macht. Weil ihnen die Grundlagen fehlen, auf denen sie aufbauen könnten.

Diese Grundlagen werden in diesem Buch erarbeitet.

1.
Das Rüstzeug
des guten Redners

Gesetz Nr. 1

Ein Redner muß zehnmal
mehr wissen als er sagt.

Man muß etwas zu sagen haben, wenn man reden will.
Goethe

Kommentar:

In der heutigen Zeit des raschen Wissensumschlags ist zehnmal mehr vielleicht etwas hoch gegriffen. Es spielt auch keine Rolle, ob es nun fünfmal oder zehnmal mehr ist. Wichtig ist lediglich, daß man als Redner aus dem vollen schöpfen kann. Die Zuhörer spüren sehr rasch, ob das, was ein Redner bringt, geistig verarbeitet oder bloß angelesen ist. Und wenn es dem Vortrag an Substanz mangelt, dann nützt alle Redebrillanz nichts. Sie bleibt eine Fassade ohne Hintergrund, die früher oder später zusammenfällt.

Der Inhalt steht über allem. Ist der Inhalt nichts wert, dann ist das Ganze nichts wert. Es gibt Redner, die haben nichts zu sagen und sagen es dazu noch schlecht. Über die brauchen wir uns nicht weiter zu unterhalten. Es gibt andere, die haben zwar auch nichts zu sagen, sagen es aber blendend. Das sind die, die einem gefährlich werden können. Man läßt sich – nicht durch den Inhalt, sondern durch die blendende Vortragsweise – zu einem Entscheid bringen, den man hinterher bereut. Man hat sich durch die Redebrillanz täuschen lassen. Es gibt wieder andere, die hätten etwas zu sagen, aber sie können es nicht sagen. Man spürt, da ist Wissen vorhanden, aber es kommt nicht über die Rampe, es kommt bei den Zuhörern nicht an.

Und es gibt eine vierte Kategorie – das, was wir anstreben: etwas zu sagen zu haben und es gut sagen.

Gesetz Nr. 2

Die Stoffsammlung ist ein Bestandteil des Wissens.

Von dem ganzen gesicherten Wissen ist jeweils nur ein kleiner Teil im Besitz eines einzelnen Menschen.

J. Robert Oppenheimer

Kommentar:

Aus dem vollen schöpfen zu können bedeutet nicht unbedingt, den Stoff stets präsent zu haben, ständig im Kopf mit sich herumzutragen. Auch das, worauf wir in einer Stoffsammlung zurückgreifen können, zählt zum Wissen. Ja, in der Regel gehen in einer Sache kompetent und darüber gut dokumentiert sein Hand in Hand. Je stärker unser Interesse für ein bestimmtes Gebiet, um so mehr beschäftigen wir uns damit und um so umfassender die entsprechende Dokumentation.

Täglich nehmen wir neues Wissen auf. Wir lesen Bücher und Zeitschriften, hören Vorträge und Vorlesungen, besuchen Kurse und Seminare. Doch im selben Maß, wie wir neues Wissen aufnehmen, geht alles verloren, wenn wir nicht für dessen Sicherung sorgen. Wer hat nicht schon geklagt: »Hätte ich doch jenen Brief, jenen Zeitungsartikel, jenes Buch zur Hand! Warum habe ich bei jenem Vortrag, jener Radio- oder Fernsehsendung keine Notizen gemacht?« Immer wieder erinnern wir uns, »irgendwo« etwas Bestimmtes gelesen oder gehört zu haben. Aber wo? Wir beginnen in Schubladen, abgelegten Akten und Büchern zu wühlen, ärgern uns, verlieren kostbare Zeit und geben schließlich die Hoffnung und die Suche auf. Dabei liegt der dringend benötigte Hinweis vielleicht in Griffnähe tückisch versteckt.

Eine übersichtliche Stoffsammlung, die eigene Notizen, Zeitungsausschnitte, Fotokopien und Hinweise auf Bücher mit entsprechender Seitenangabe enthält, erspart uns unnötigen Ärger und den Verlust unwiederbringlicher Zeit.

Gesetz Nr. 3

Herr sein
über die Stoffsammlung,
nicht ihr Sklave.

Sei du der Dinge Herr, nicht Knecht! Horaz

Kommentar:

Eine logisch aufgebaute und kontinuierlich betreute Stoffsammlung stellt ein ungeheures Kapital dar. Jedes Kapital, das wir bilden, verlangt von uns Entbehrungen und zusätzliche Mühen. Bei der Stoffsammlung sind es vergleichsweise kleine Mühen, gemessen an dem Nutzen, den wir in der Folge daraus ziehen.

Wichtig ist, daß man nicht zum Sklaven seiner Stoffsammlung wird, indem man sie zu kompliziert anlegt und führt. Hier einige Hinweise:

- Am besten verwendet man Hängemappen im Normalformat und versieht sie mit dem entsprechenden Stichwort, zum Beispiel »Vertrieb«, »Neue Produkte«, »Rationalisierung«, »Aus- und Weiterbildung«, »Ideen«, »Partei«, »Sportverein« usw.
- Auch wenn es grundsätzlich besser ist, weitmaschig zu arbeiten, kann natürlich jedes Gebiet weiter unterteilt werden, je nachdem, wie stark aufgegliedert man die Stoffsammlung haben will. Dabei spielt natürlich auch der Umfang der einzelnen Stoffgebiete eine Rolle. Wichtig ist lediglich, daß das Ablegen und vor allem das Wiederfinden problemlos gewährleistet sind.
- Neben der Ablage in Mappen besteht die Möglichkeit, Stichwort-Karteien anzulegen und auf diesen Karten zu vermerken, was wo zu finden ist. Diese Methode hat den Nachteil, daß sie lediglich Hinweise gibt, den Wissensstoff selbst aber nicht griffbereit macht. Sie kann dennoch sinnvoll sein und das Auffinden erleichtern,

Kommentar:

wenn die eigentliche Stoffsammlung bereits sehr um-
fangreich und zudem stark gegliedert ist. Unter Umständen kann diese Kartei-Aufgabe auch von einem
Heim-Computer übernommen werden.
- Am besten hält man die Stoffsammlung stets à jour, indem man ständig mit ihr arbeitet. So stellt man beispielsweise automatisch fest, daß diese oder jene Idee
längst verwirklicht wurde oder überholt ist und elimi-
niert gehört. Es geht ja nicht darum, ein persönliches
Archiv zu unterhalten, sondern Gedächtnisstützen zu
besitzen für die gegenwärtige und künftige Arbeit.

Gesetz Nr. 4

Wer ein Thema
erschöpfend behandelt,
erschöpft vor allem die Zuhörer.

Die wahre Beredsamkeit besteht darin, das zu sagen, was zur Sache gehört, und eben nur das.   La Rochefoucauld

Kommentar:

Wissen ist Macht, und genauso, wie zuviel Macht gefährlich sein kann, birgt umfassendes Wissen Gefahren für den Redner. Wieso? Kann man denn zuviel wissen? Man kann nicht zuviel wissen, man kann aber leicht zuviel sagen.

Weil sie viel wissen, weil sie ihr Gebiet restlos überblikken, erliegen manche Redner der Versuchung, zuviel zu bringen. Sei es, weil sie sich verpflichtet fühlen, alles zur Sache nur Denkbare zu bieten; sei es, weil sie fürchten, einzelne Zuhörer würden ihnen die Kompetenz absprechen, wenn sie nicht das Hinterste und Letzte, das man zur Sache sagen kann, auch noch erwähnen.

Kaum je sind für einen bestimmten Zuhörerkreis alle Aspekte eines Themas wichtig. In der Regel werden es vielmehr einige wenige Aspekte sein, die natürlich je nach Publikum wechseln können. Sich bei der Abgrenzung des Themas daher immer fragen: »Was ist für diese Zuhörer wichtig?«, und dazu reden, nur dazu. Der Versuchung widerstehen, sein gesamtes Wissen vor den Zuhörern auszubreiten!

Gesetz Nr. 5

Besser über wenig viel sagen
als über viel wenig.

Getretener Quark wird breit, nicht stark.   Goethe

Kommentar:

Dieses Gesetz ergänzt das vorangehende. Wer zuviel bringt, redet automatisch in die Breite. Wir wollen jedoch nicht in die Breite reden, sondern in die Tiefe. Es bringt nichts, wenn die Zuhörer zwar sehr viel gehört haben, aber nichts behalten, weil sie mit zuviel Informationen konfrontiert und dadurch überfordert wurden. Lieber nur zwei, drei Aspekte einer Sache ausleuchten, dafür so, daß die Zuhörer nachher Bescheid wissen, als möglichst viele Punkte berühren, ohne daß wirklich etwas haften bleibt. Seine Redezeit richtig nutzen heißt: In die Tiefe reden, nicht an der Oberfläche plätschern!
Wie lange soll eine Rede sein? So lang wie nötig und so kurz wie möglich! Wo die Redezeit nicht vorgegeben oder begrenzt ist, bedeutet Tucholskys Ratschlag bereits die oberste Grenze: »Der Ton einer einzelnen Sprechstimme ermüdet; sprich nie länger als vierzig Minuten.« Nach zwanzig Minuten sinkt die Aufmerksamkeit der Zuhörer. Nur wirklich gute Redner können es sich leisten, länger zu sprechen.
Ein Redner, der noch immer nicht zu Ende war, obwohl er seine Redezeit längst überschritten hatte, entschuldigte sich bei den Zuhörern: »Ich habe leider meine Uhr vergessen.« Da kam eine Stimme aus dem Publikum: »So schauen Sie doch wenigstens ab und zu auf den Kalender!«

Gesetz Nr. 6

Verstanden werden
ist Voraussetzung, um
überzeugen zu können.

Wer so spricht, daß er verstanden wird, spricht gut.

Molière

Kommentar:

Alles, was sich aussprechen läßt, läßt sich klar aussprechen. Diese lapidare Aussage von Ludwig Wittgenstein
enthält den ganzen Kern. Wenn wir überzeugen wollen,
müssen wir zunächst einmal verstanden werden, und je
einfacher wir reden, um so leichter werden wir verstanden.
Einem bekannten Politiker gaben seine Parteifreunde den
wohlgemeinten Rat, einfacher zu reden. Nur dann könne
er die Wähler für sich gewinnen. Seine dünkelhafte und
überhebliche Antwort lautete: »Wer mich verstehen will,
soll sich Mühe geben!« Wen wundert's, daß er die Wahl
haushoch verlor? Nein, nicht die Zuhörer sollen sich Mühe geben müssen – der Redner soll sich Mühe geben.
Schließlich will er etwas von den Zuhörern, und je leichter
er es diesen macht, seinen Überlegungen zu folgen, um so
leichter kann er sie gewinnen.
Hochgestochen daherreden gewinnt weder den Verstand
noch die Herzen der Zuhörer und ist auch kein Bildungs-
beweis. Im Gegenteil: Emerson sagt dazu: Es ist ein Beweis hoher Bildung, die größten Dinge auf einfachste Art
zu sagen.

Gesetz Nr. 7

Je umfassender der Wortschatz,
um so leichter kann man
überzeugen.

Kommentar:

Worte sind nicht nur des Dichters, sie sind auch des Redners Waffen. Und genauso sorgfältig, wie ein Kämpfer seine Waffen wählt, müssen wir unsere Worte wählen – ja, mit noch größerer Sorgfalt.

Mit Waffen kann man verletzen und töten. Mit Worten können wir das zwar auch; mit Worten können wir aber noch mehr. Reden gleicht dem Öffnen der Tür zum Nächsten, zu unseren Zuhörern. Und unsere Worte sind nichts anderes als der Schlüssel zu dieser Tür. Finden wir die richtigen Worte, den passenden Schlüssel, so geht die Tür auf, die Zuhörer öffnen sich uns und unseren Anliegen. Finden wir die richtigen Worte nicht, dann bleibt die Tür eben verschlossen. Je größer die zur Verfügung stehende Auswahl, um so eher finden wir die für uns und unsere Sache einnehmenden, gewinnenden Wörter und Worte.

Ein Redner mit einem kleinen Wortschatz ist wie ein Handwerker, der nur über Hammer und Beißzange verfügt. Damit läßt sich zwar einiges anfangen; geht es aber in die Feinheiten, dann genügen Hammer und Beißzange nicht mehr. Genauso beim Reden. Um sich differenziert auszudrücken, braucht es einen umfassenden Wortschatz. Je treffender das Wort, der Ausdruck, der Begriff, um so leichter begreifen die Zuhörer, um so eher können wir überzeugen.

Im Zusammenhang mit dem Wortschatz stellt sich auch die Frage: Soll man in der Mundart reden oder in der Schriftsprache? Beides hat Vor- und Nachteile. Den mei-

sten Rednern – dies gilt vor allem für das schweizerdeut-
sche Sprachgebiet – fällt es leichter, sich in der Mundart
auszudrücken. In der Regel kommen sie damit auch besser an, vorausgesetzt, ihre Mundart wird von allen Zuhörern verstanden. Ist dies nicht der Fall, dann ist es nicht
nur ein Gebot der Höflichkeit, in der Schriftsprache zu
reden, sondern auch ein Gebot der Vernunft. Denn wie
können wir Leute überzeugen, die uns schon sprachlich
nicht verstehen?
Neben der Tatsache, allgemein verstanden zu werden,
bietet die Schriftsprache den Vorteil des größeren Wort-
schatzes. Je nach Region und Schicht, in der jemand auf-
wächst, beträgt sein Mundart-Wortschatz 500–800 Wörter. Demgegenüber beträgt der Wortschatz eines in der
Schriftsprache Rede- oder Schreibgewandten um die 3000
Wörter. Die Schriftsprache ermöglicht also von vornher-
ein eine differenziertere Ausdrucksweise. Mit Wortschatz ist hier der aktive Wortschatz gemeint. Er umfaßt
diejenigen Wörter und Ausdrücke, die man beim Reden
oder Schreiben selbst einsetzt. Der passive Wortschatz ist
bedeutend größer. Er umfaßt auch diejenigen Wörter und
Ausdrücke, deren Sinn wir wohl verstehen, wenn wir sie
hören oder lesen, die wir selbst aber nicht verwenden.
Gerade in den Mundarten steht einem relativ bescheide-
nen aktiven Wortschatz ein beachtlicher passiver gegenüber.
Was können wir tun, um unseren aktiven Wortschatz zu
vergrößern? Zunächst einmal andern beim Reden und im

Kommentar:

Gespräch bewußter zuhören, dann aber auch durch Lesen unseren Wortschatz erweitern. Durch Lesen von Texten von Autoren, die auch die handwerkliche – die sprachliche – Seite ihres Berufs beherrschen. Besser noch als bloßes Lesen ist laut lesen. Durch das gleichzeitige Sehen und Hören bleibt das Gelesene besser haften; außerdem wird die stimmliche Ausdrucksfähigkeit geschult. Wertvolle Hilfe leisten auch Wörterbücher und Synonymen-Lexika. Sie sollten beim Lesen immer griffbereit sein und stets zu Rate gezogen werden, wenn ein Begriff, ein Ausdruck nicht absolut verstanden wird. Ein Wort durch und durch zu verstehen ist Voraussetzung und der erste Schritt zum Überleiten dieses Wortes aus dem passiven in den aktiven Wortschatz.

Nützlich und geistig anregend sind ferner Wortschatzübungen. Sie lassen sich überall und ohne Zeitaufwand durchführen – auf dem Arbeitsweg, bei der Hausarbeit, bei der Entspannung. Man wählt irgendein Wort und trachtet dann, es durch möglichst viele Synonyme zu ersetzen. Ein fröhliche Übung, die dem einen oder andern auch das Einschlafen erleichtern kann, weil sie von den Tagesproblemen wegführt.

Erweitern wir also unseren aktiven Wortschatz bewußt durch zuhören, lesen und üben.

Gesetz Nr. 8

Bei der Wortwahl auch semantische Aspekte berücksichtigen.

Die Macht der Worte ist so groß, daß gut gewählte Be-zeichnungen oft genügen, um vielen Menschen Dinge an-nehmbar zu machen, die sie sonst ablehnen würden.

Gustave Le Bon

Kommentar:

Überlegungen zur Wortwahl führen zwangsläufig zur Semantik, zur Lehre von der Bedeutung der Worte. Erwin Küchle sagt in seinem Buch »Menschenkenntnis für Manager« (Wirtschaftsverlag Langen-Müller/Herbig, München): »Den Semantiker interessiert nicht das Wort als solches, sondern die Bedeutung, das Symbol, welches der Verwender in dieses Wort einlegt. Die Semantik befaßt sich also mit der Bedeutung, die ein Wort für den Benützer besitzt.

Stellen wir uns vor: Ein Amerikaner und ein Chinese diskutieren. Beide verwenden das Wort ›Demokratie‹. Wovon sprechen sie? Meinen beide dasselbe? Oder: Ein überzeugter Katholik und ein Freidenker debattieren über Religionsfragen und benützen das Wort ›Katholizismus‹.

Für den Semantiker ist unerheblich, welche Definition der Wörter im Lexikon steht – beispielsweise ›Regierungsform‹ respektive ›Konfession‹. Er will vielmehr wissen, welche Reaktionsmuster symbolischer Art in den Diskutierenden anklingen, wenn der Wortreiz ›Demokratie‹ oder ›Katholizismus‹ wahrgenommen wird.

Bei dem einen könnte das Thema facettiert sein durch etwa folgende Assoziationsmuster: Kindheit – Mutter – Nachtgebet – edel – vertraut – Trost – richtig – Sicherheit – Frieden – Christmette – Geborgenheit – Wärme – weit – tapfer – groß – mächtig – sieghaft – Münster – Weihrauchduft – Vatikanmuseum.

Bei dem andern vielleicht: scheinheilig – verlogen – falsch

31

Kommentar:

– feige – widerlich – Inquisition – Kirchen statt Wohnungen – Galileo Galilei – Ausbeutung – Kinderkreuzzug – peinlich – Pfaffe – Übelkeit (Weihrauch) – Cesare Borgia – Ablaßkauf.
Beide sprechen von Katholizismus.«
Am 21. und 22. November 1983 war im Deutschen Bundestag anläßlich der Debatte zum Nato-Doppelbeschluß viel von »Abschreckung« die Rede; der Begriff war fast in allen Voten zu hören. Staatsminister Alois Mertes spürte offenbar den unversöhnlichen Klang, der dem Wort innewohnt, und sprach deshalb von »glaubwürdiger Entmutigung«, wobei er selbst hinzufügte: »Das ist eigentlich das bessere Wort als ›Abschreckung‹.«
Bei derselben Debatte konnte man auch einen feinen Unterschied beobachten, der von Rednern je nach ihrem politischen Standort gemacht wurde. Die einen sprachen vorwiegend von »Atomsprengköpfen«, die andern von »Nuklearwaffen«. Zufall oder Überlegung?
Als vor rund zwanzig Jahren Firmen begannen, bestimmte Mitarbeiter nicht mehr selbst zu suchen, sondern durch Spezialisten suchen zu lassen, entstand der Beruf des Personalvermittlers. Diesem Wort haftete etwas Negatives an, es war auch bald einmal abschätzig die Rede von Kopfjägern und modernem Sklavenhandel. Als die Vertreter dieses Berufes dann begannen, sich nicht mehr Personalvermittler, sondern Personalberater zu nennen, verlor die Tätigkeit sehr bald ihren negativen Anstrich.
Die richtige Wortwahl kann entscheidend sein, ob wir die

32

Kommentar:

Zustimmung der Zuhörer finden oder auf Widerstand
und Ablehnung stoßen. Sie gehört deshalb zur Vorbereitung jeder Rede mit heiklem Inhalt vor kritischem Publikum. Dabei ist nicht so sehr entscheidend, welchen Inhalt
wir selbst einem Begriff beimessen, als vielmehr, welchen
Sinn ihm die Zuhörer wohl entnehmen werden. Manzoni
sagt: Viele Worte machen im Mund einen anderen Eindruck als im Ohr.

Gesetz Nr. 9

Vorsicht vor Fremdwörtern!

Ein Fremdwort ist wie ein unscharfes Foto.
Karl Heinrich Waggerl

Kommentar:

Fremdwörter sind am Platz, wenn sie in dem Kreis, in dem wir reden, von jedermann verstanden werden und dazu noch treffender sind als eine deutsche Umschreibung, zum Beispiel »Discounter«, »Jet-Set«, »Babysitter«. Steht uns hingegen ein ebenso treffendes deutsches Wort zur Verfügung, dann ziehen wir es dem Fremdwort vor. Es geht in einem Vortrag ja nicht darum, unsere »Bildung« zu demonstrieren (schon wieder ein Fremdwort ...), sondern unsere Zuhörer zu überzeugen. Und das setzt voraus, daß sie uns und unsere Sprache verstehen und akzeptieren.

Gesetz Nr. 10

Vorsicht vor Fachausdrücken!

Es gibt keinen größeren Hochmut als den der Fachleute.
Thornton Wilder

Kommentar:

Thornton Wilders Einstellung ist unbewußt bei vielen
vorhanden, und natürlich erhält sie Auftrieb, wenn Fachleute immer wieder über die Köpfe ihrer Zuhörer hinweg
hochgestochen daherreden. Fachausdrücke sind dann an-
gebracht, wenn es sich um ein Fachthema vor einem Fachpublikum handelt. Beide Voraussetzungen müssen erfüllt
sein – oft ist es die zweite nicht!
Fachausdrücke sind fehl am Platz, wenn man zu Nicht-
Fachleuten spricht und diese entweder nicht verstehen,
wovon die Rede ist, oder der Vortragende jeden Fachaus-
druck nochmals allgemein verständlich erklären muß.
Nehmen wir an, ein Hersteller von Fernsehgeräten lädt
seine Einzelhändler ein, um ihnen die neuen Modelle vor-
zustellen. Er wird nicht nur die Geräte zeigen, sondern
auch einen erläuternden Vortrag halten. Selbstverständ-
lich wird er darin Fachausdrücke verwenden, denn er
spricht zu Fachhändlern, zu Fachleuten. Nun möchte einer dieser Einzelhändler für die Privatkunden in seiner
Region ebenfalls eine Präsentation veranstalten. Er mietet
den großen Saal im »Goldenen Löwen«, stellt die Geräte
auf, und natürlich möchte auch er einen Vortrag über die
Neuerungen und Verbesserungen der diesjährigen Modelle halten. Weil er glaubt, es ohnehin nicht besser zu
können als der Hersteller, läßt er sich dessen Vortrag geben. Pleite! Der Mann hatte nicht bedacht, daß er keine
Fachleute vor sich haben wird und daß die Zuhörer seine
Fachsprache nicht verstehen.
Selbst vor Fachleuten ist Vorsicht geboten! Immer wieder

37

---

setzen Redner das eigene umfassende Wissen auch bei ihren Zuhörern voraus und wundern sich dann, wenn der Vortrag nicht so ankommt, wie sie erwartet hatten.

Wenig voraussetzen, in einer einfachen Sprache reden und Fachausdrücke nur bei einem Fachthema vor eindeutigem Fachpublikum verwenden!

Gesetz Nr. 11

Die Sprache muß nicht nur
dem Thema und dem Zuhörerkreis
angepaßt sein, sondern auch
der Persönlichkeit des Redners.

Die Persönlichkeit ist der Ausgangspunkt und Flucht-
punkt alles dessen, was gesagt wird, und dessen, wie es ge-
sagt wird. Robert Musil

Kommentar:

Aus seiner Sprache schließt man auf den Hintergrund eines Menschen: Herkunft, Erziehung, Bildung, Kultur. Darum ist es nicht gleichgültig, wie wir reden – weder im Alltag noch beim Sprechen vor Gruppen. Sprache ist etwas Lebendiges, etwas, das sich ständig weiterentwickelt. Diesen Veränderungen müssen wir offen gegenüberstehen. Das heißt nicht, daß wir unbesehen alles übernehmen sollen, was tagtäglich an sprachlichen Neuschöpfungen auftaucht. Gerade heute, im Zeitalter der Massenmedien, lauern Gefahren. Rundfunk und Fernsehen können unsere Sprache befruchten, können sie aber auch negativ beeinflussen. Modewörter verbreiten sich mit Windeseile im ganzen Sprachgebiet und werden so zu Klischeeausdrücken. Zuerst sträuben wir uns vielleicht dagegen, doch über kurz oder lang übernehmen wir bewußt oder unbewußt solche Ausdrücke und Redensarten und werten dadurch uns und unsere Persönlichkeit ab. Es war 1970. Da fiel uns auf, wie Gesprächspartner plötzlich nicht mehr sagten: »Ich finde es schön«, »Das hat mich beeindruckt«, »Peter macht sich Sorge«. Nein, wie hieß das auf einmal? »Ich finde es echt schön«, »Das hat mich echt beeindruckt«, »Peter macht sich echt Sorge«. Zunächst stutzten wir, dann fanden wir uns damit ab (ein tatsächlich echter Cognac half uns dabei). Wir gaben dieser neuen Mode etwa ein Vierteljahr. Doch wie hatten wir uns da getäuscht! Gute zehn Jahre hielt sich dieses »Echt«, bis es allmählich abflaute. Heute ist es praktisch verschwunden, man hört es kaum mehr.

Kommentar:

Dafür macht sich seit einiger Zeit eine andere Unsitte breit: den Tätigkeitswörtern werden Vorsilben vorangestellt. Früher hieß es: »Wir werden Ihnen die Ware liefern«, heute sagt man: »Wir werden Ihnen die Ware anliefern.« Früher mietete man ein Ladenlokal, heute wird es angemietet. Früher kürzte man die Pause um fünf Minuten, heute wird sie eingekürzt. Früher zeigte man den Weg, heute wird er aufgezeigt. Früher hieß es im Radio-Wetterbericht: »Am Nachmittag Bildung von Quellwolken«, kürzlich hörten wir: »Am Nachmittag Ausbildung von Quellwolken«. Leider wurde nicht gesagt, worin die Quellwolken ausgebildet werden ...

Sprache wird nicht besser, wenn sie auf Stelzen daherkommt. Leider wußte das jene Moderatorin nicht, die einen Interview-Partner in einem Zusammenhang fragte: »Welche Bedeutung hat das für Sie?« Kaum hatte sie es gesagt, merkte sie offenbar, daß das jeder verstanden hätte, und schnell »verbesserte« sie sich: »Ich meine, welchen Stellenwert messen Sie dem bei?«

Kaum etwas kann einen Redner so sehr abwerten, wie wenn er sich in einer Sprache ausdrückt, die nicht seinem Alter oder seiner beruflichen und gesellschaftlichen Stellung entspricht. Denken wir an die Mutter in den besten Jahren, die glaubt, sie müsse reden wie ihre sechzehnjährige Tochter, um »in« zu sein. Und genauso ist jener Mann auf dem Holzweg, der sich einbildet, er komme bei seinen Zuhörern besser an, wenn er seine Rede mit Kraftausdrücken oder Zweideutigkeiten würze. Und er ist

42

doppelt auf dem Holzweg, wenn er nicht spürt, daß er gerade deswegen auf Ablehnung und Widerstand stößt. Die Zuhörer kommen in einer bestimmten Erwarungshaltung, und wenn wir als Redner überzeugen wollen, müssen wir auch in unserem sprachlichen Ausdruck akzeptiert werden. Das bedeutet, in einer Sprache zu reden, die zu uns und unserer Persönlichkeit paßt.

Gesetz Nr. 12

Vertraut sein mit
visuellen und audiovisuellen
Hilfsmitteln gehört mit
zum Rüstzeug des Redners.

Die größten Schwierigkeiten liegen da, wo wir sie nicht suchen.   Goethe

Kommentar:

Wie mancher Redner hat sich nicht schon geärgert – vielleicht sogar der Lächerlichkeit ausgesetzt –, weil ein Gerät, das er benützen wollte, nicht funktionierte! Sei es, weil es defekt war; sei es, weil er nicht damit umzugehen wußte.
Von der Wandtafel bis zum Videogerät gibt es eine immense Palette visueller und audiovisueller Hilfsmittel. Aber auch die Anzahl der Fabrikate ist fast unübersehbar, und jedes hat seine Eigenheiten und Tücken. Wenn man mit einem Video-Fabrikat vertraut ist, ist man es nicht automatisch mit allen anderen. Deshalb müssen wir uns, falls wir visuelle oder audiovisuelle Hilfsmittel einsetzen, vor Beginn des Vortrags vergewissern, ob ihre Handhabe keine Probleme bietet und ob alles vorhanden ist, was wir brauchen (Kreide, Reißnägel oder Magnete für die Pinnwand, Folien und Ersatzlampen für den Hellraumprojektor, Leinwand, Video-Kassetten usw.).
Nichts ist ärgerlicher, als wegen einer vermeidbaren Panne aus dem Konzept zu geraten.

Gesetz Nr. 13

Visuelle und audiovisuelle Hilfsmittel erleichtern das Verständnis
und erhöhen den Erinnerungswert.

*Es gehört immer etwas guter Wille dazu, selbst das Ein-
fachste zu begreifen, selbst das Klarste zu verstehen.*
Marie von Ebner-Eschenbach

Kommentar:

Ein Vortrag mag noch so gut aufgebaut sein und noch so gut gebracht werden, nie wird alles, was der Redner sagt, von den Zuhörern aufgenommen, verstanden und schließlich auch behalten. So, wie wir nicht alles registrieren, was wir sehen, nehmen wir auch nicht alles bewußt auf, was wir hören – nicht einmal, wenn wir uns sehr konzentrieren. Etwas geht immer verloren.

Hier helfen uns visuelle und audiovisuelle Hilfsmittel wie:
- Wandtafel
- Flip-Flap-Tafel
- Pinnwand
- Hellraumprojektor
- Dias
- Tonbildschauen
- Filme
- Video-Aufnahmen

Sie erleichtern den Zuhörern das Verständnis und steigern gleichzeitig den Erinnerungswert. Folgende Erfahrungszahlen machen dies deutlich:

	Erinnerungswert nach derselben Zeitdauer
Hören	10%
Sehen	20%
Hören und Sehen	40–50%
Aktives Mitwirken	80–90%

47

Was man sieht, bleibt also doppelt so gut in der Erinnerung haften wie etwas, das man hört. Denken wir an Plakate, Leuchtschriften oder geschriebene Texte, bei deren Lesen wir im Gegensatz zum Zuhören die Aufnahmegeschwindigkeit steuern können.

Beim gleichzeitigen Hören und Sehen addieren sich die Werte nicht einfach, sie kumulieren sich. Was die Zuhörer gleichzeitig hören und sehen, bleibt vier- bis fünfmal stärker haften als was sie bloß hören.

Einen noch höheren Erinnerungswert erreichen wir dann, wenn wir die Möglichkeit haben, die Zuhörer in irgendeiner Form mitwirken zu lassen. Diese Erkenntnis haben sich in den letzten Jahren auch die meisten Radiostudios zunutze gemacht: Die Hörer können an der Gestaltung bestimmter Sendungen durch Telefonanrufe aktiv mitwirken.

Als Redner haben wir nicht immer die Möglichkeit, die Zuhörer zu aktivieren. Wir haben aber fast immer die Möglichkeit, einzelnes zu visualisieren und dadurch das Verständnis zu erleichtern und den Erinnerungswert zu erhöhen.

Gesetz Nr. 14

Visuelle Hilfsmittel sollen plakativ wirken.

Deutlichkeit ist eine gehörige Verteilung von Licht und Schatten. Goethe

Kommentar:

Visuelle Hilfsmittel sollen das Verständnis erleichtern. Sie sollen erhellen. Die Zuhörer müssen die Aussage eines Bildes oder einer Grafik mit einem Blick erfassen, ohne lange nachdenken zu müssen. Hier wird viel gesündigt: Darstellungen, die mehr verwirren als erklären. Völlig ungeeignet sind zum Beispiel ellenlange Schriftfolien, wie man sie immer wieder sieht, meist viel zu klein geschrieben, die der Redner mit dem Rücken zum Publikum herunterliest, damit er nicht sieht, wie die Leute gähnen. Um mit seinen Projektor-Folien eine plakative Wirkung zu erzielen, braucht man kein Künstler zu sein. Selbst eine zeichnerisch unbeholfene Darstellung ist wirkungsvoll, sofern sie dazu beiträgt, das Verständnis zu erleichtern.

Gesetz Nr. 15

Visuelle und audiovisuelle
Hilfsmittel dosiert einsetzen.

Halte Maß in allen Dingen. Jesus Sirach

Kommentar:

Nicht zuviel visuell bringen! Es gab eine Zeit, Mitte der sechziger Jahre, als die Hellraumprojektoren aufkamen, da konnte man Redner erleben, die mit gewichtigen Schritten und einem ebenso gewichtigen Stapel vorbereiteter Folien ihren Redeplatz einnahmen. Ihre Vorträge waren im Grunde genommen nichts anderes als kommentierte Folien. Die meisten dieser Redner merkten zum Glück recht bald, wie schlecht das war, wie die Zuhörer überfordert waren, wenn sie ununterbrochen zuhören, schauen, denken mußten. Sie schalteten ab. Sie schalteten nicht nur eines ab, sondern alles.

Wir sprechen nicht umsonst von visuellen Hilfsmitteln. Im Vordergrund steht das Wort, und alles, was wir außerdem einsetzen, soll lediglich das Wort unterstützen. Wir wollen die Werte nicht umkehren.

Visualisieren ist dann am Platz, wenn es hilft, das Verständnis zu erleichtern, oder dazu beiträgt, den Erinnerungswert zu erhöhen. Trifft keines von beidem zu, dann verzichten wir darauf – in unserem Interesse und in dem der Zuhörer.

53

2.
Überzeugend reden heißt frei reden

Gesetz Nr. 16

Frei reden bedeutet
innerlich und äußerlich frei sein.

Frei zu reden ist besser. Homer

Kommentar:

Vom freien Reden geht eine eigenartige Faszination aus.
Seit Jahrtausenden zieht es Menschen in seinen Bann,
Menschen aller Kulturkreise. So schrieb im 7. Jahrhundert der buddhistische Mönch Bhartrihari, unter dessen
Namen eine berühmte Gedichtsammlung von 300 Strophen über Liebe und Lebensweisheit erhalten ist:
Einzig ziert die freie Rede
Männer, die nicht unverständig.
Andrer Schmuck ist all vergänglich,
Dieser Schmuck allein beständig.
Frei zu reden ist das Ziel jedes Redners; nicht alle erreichen es. Sie kennen den Weg nicht, der zum Ziel führt.
Die nächsten Gesetze zeigen ihn.

Gesetz Nr. 17

Keine Angst
vor Lampenfieber!

Lampenfieber – das sind Schmetterlinge im Magen.
Walter Slezak

Kommentar:

Innerlich frei sein bedeutet gelöst sein, frei sein von Hemmungen. Hemmungen sind normal; deshalb wollen wir sie auch nicht überbewerten. Jeder kommt ab und zu in eine Situation, in der er sich angespannt, nervös, gehemmt fühlt; und oft ist das beim Reden der Fall, wenn man sich exponieren muß. Im kleinen Kreis ist es in der Regel problemlos, im größeren stellen sich Hemmungen ein. Ein weiteres Kriterium kann die Vertrautheit mit den Zuhörern sein. So gibt es Redner, die frei und gelöst vor Leuten reden, die sie gut kennen (Familie, Mitarbeiter, Vereinskameraden), vor einem fremden Publikum jedoch von Hemmungen befallen werden. Bei anderen ist es gerade umgekehrt: vor einem fremden Zuhörerkreis sind sie unbefangen, vor einem vertrauten gehemmt. Ein sehr redegewandter Mann, der oft öffentlich aufzutreten hat und das jeweils auf brillante Weise tut, hat uns unlängst gestanden, bei keiner seiner vielen Reden habe er sich so unsicher, nervös und gehemmt gefühlt wie bei der Rede anläßlich der Goldenen Hochzeit seiner Eltern, obwohl die zwei Dutzend Zuhörer durchweg Familienangehörige gewesen seien.

Oft spricht man von natürlichen Hemmungen. Das ist unzutreffend. Hemmungen sind zwar normal, natürlich sind sie nicht. Das können wir sehr leicht feststellen, wenn wir ein kleines Kind beobachten und sehen, wie frei und gelöst es sich gibt. Ohne jede Scheu betritt es einen vollbesetzten Saal, geht von Tisch zu Tisch, vielleicht gar auf ein Podium, sucht seinen Vater, geht zu ihm hin, plaudert mit ihm – unbekümmert um die vielen Leute im Saal, in einem guten Sinn hemmungslos. Wie verhält sich das gleiche Kind ein paar Jahre später? Ist es immer noch so frei, so gelöst? Wohl kaum! Unter Umständen wagt es sich nicht einmal mehr recht in den Saal, sondern schaut schon an der Tür, ob es irgendwo seinen Vater sieht und ihm ein Zeichen geben kann, er möge herauskommen, es müsse ihm etwas sagen.

Was hat diese Veränderung bewirkt? Warum ist das früher so unbekümmerte Kind nun auf einmal mit Hemmungen beladen? Eine Erziehung, die das Kind seelisch einengte, statt entfaltete, verbunden mit oft in Traditionen wurzelnden, Hemmungen fördernden Umwelteinflüssen und daraus entstehende falsche Vorstellungen haben aus dem innerlich freien Kind ein befangenes Wesen gemacht. In einem gewissen Alter wird es mühsam darangehen müssen, sich von solchen anerzogenen Hemmungen zu befreien. Manchen gelingt es ein Leben lang nicht mehr.

Eine Seminarteilnehmerin hat uns einmal erzählt, sie empfinde nie die geringste Scheu, auch wenn sie vor einen noch so großen Zuhörerkreis trete. Diese Unbefangenheit verdanke sie sehr wahrscheinlich einer Methode, die ihr Vater bei ihr in ihrer Jugend konsequent angewendet habe. Wenn sie als heranwachsende Tochter mit ihren Eltern ins Theater oder ins Konzert ging, mußte sie den Saal stets allein betreten, ihren Platz suchen und sich hinsetzen. Ihre Eltern warteten indessen im Foyer und folgten ihr erst einige Minuten später nach. Oder wenn sie auf dem damals noch üblichen gemeinsamen Sonntagsspaziergang an der großen Bahnhofsgaststätte vorbeikamen, forderte sie ihr Vater beim stadtwärts gelegenen Eingang auf, die Gaststätte zu durchqueren, während er außen herumging und sie beim zu den Gleisen hin gelegenen Ausgang wieder in Empfang nahm. Sie durfte den Gang durch die Gaststätte aber nicht einfach so rasch wie möglich hinter sich bringen, ohne nach rechts oder links zu schauen, sondern mußte sich bewußt im Lokal umsehen und dem Vater anschließend berichten, ob viele oder wenige und was für Leute drinnen saßen und was sie aßen oder tranken.

Solche Erziehungsmaßnahmen sind gewiß nicht unproblematisch und bedingen auf alle Fälle Berücksichtigung subjektiver Umstände und Gegebenheiten. Im geschilderten Fall haben sie offensichtlich mitgeholfen, ein junges Mädchen vor Menschenscheu und Hemmungen zu bewahren.

Der Große Duden vermutet, das Wort »Lampenfieber« sei dem früher in der Soldatensprache verwendeten Ausdruck »Kanonenfieber« nachgebildet. Man verstand darunter die Angst, die den Neuling beim Angriff befiel. Sinngemäß wird Lampenfieber (Lampen = Rampenlichter) definiert: starke nervöse Erregung, Angst und innere Angespanntheit unmittelbar vor einer Situation, in der man sich zu bewähren hat, insbesondere vor einer Prüfung, vor einem öffentlichen Auftreten o. ä.

Kommentar:

Harald Scheerer schreibt in seinem Buch »Wie Sie durch Ihr Sprechen gewinnen« (Wirtschaftsverlag Langen-Müller/Herbig, München): »Kann man etwas gegen Lampenfieber unternehmen? Ja, man kann.
In über 90% aller Fälle von Lampenfieber oder Redeangst oder Hemmungen – es ist ganz gleich, wie wir es nennen – merken die Zuhörer gar nichts davon. Wirklich, sie merken nichts. Das ist doch eigentlich sehr beruhigend. Warum sollen wir dann Lampenfieber haben, wenn es die anderen gar nicht merken? Was kann man dennoch gegen Lampenfieber unternehmen?
Zunächst gar nichts. Etwas Lampenfieber ist nützlich. Wer eiskalt an einen Vortrag herangeht, der wirkt nicht überzeugend. Wer aber Lampenfieber hat, der muß es überwinden. Und er schafft es auch. Dazu sind Energie und Konzentration erforderlich. Und beides kommt dem Redevorhaben insgesamt zugute.«
Das Wissen um die eigenen Fähigkeiten und das daraus resultierende Selbstvertrauen tragen wesentlich dazu bei, Hemmungen abzubauen. Wie uns außerdem Selbstdisziplin dem Ziel näherbringt, sehen wir in den Kommentaren zu den beiden nächsten Gesetzen.

Gesetz Nr. 18

Frei vor seinem Publikum
stehen – ein äußeres Zeichen
innerer Sicherheit.

*Ein Podium ist eine unbarmherzige Sache. Da steht der
Mensch nackter als im Sonnenbad.* Kurt Tucholsky

Kommentar:

Tische und Pulte zwischen dem Redner und seinen Zuhörern wirken zwangsläufig als Barriere. Wer guten Kontakt zu seinen Zuhörern haben und gleichzeitig sicher wirken will, muß darauf verzichten. Was für den Anfänger noch angehen mag, bis er eines Tages zur Sicherheit gefunden hat, geziemt sich für den guten, den erfahrenen Redner nicht mehr. Wenn einer schwimmen lernt, mögen Luftflügelchen hilfreich sein; früher oder später muß er sich davon lösen. Bei einer Schwimm-Olympiade haben wir noch nie einen Teilnehmer mit Luftflügelchen gesehen.

Auch wenn wir grundsätzlich frei vor unserem Publikum stehen, so kann es doch Situationen geben, wo wir um ein Rednerpult nicht herumkommen. Zum Beispiel dann, wenn das Mikrophon damit gekoppelt ist. Das müssen wir zwar meistens (Ausnahme: Parlament) uns selbst zuschreiben, weil wir es versäumten, den Veranstalter rechtzeitig um ein Umhängemikrophon zu bitten. Es kann heute überall problemlos für ein paar Mark gemietet werden.

Auch dann, wenn wir an einer Tagung in einer Reihe von Rednern auftreten müssen, kommen wir unter Umständen um das Pult nicht herum. Kommen wir als erster an die Reihe, dann können wir nach eigenem Gutdünken bestimmen, wo wir reden: vor, neben oder hinter dem Pult. Die nächsten Redner können immer noch tun und lassen, was sie wollen. Kommen wir jedoch als x-ter Redner an die Reihe, dann müssen wir uns wohl oder übel in eine

65

durch unsere Vorredner begründete Norm einfügen. Und wenn alle hinter das Pult traten, können wir nicht gut aus der Reihe tanzen.

Auch bei der wohl belastendsten Redesituation, der wir ausgesetzt sein können, werden wir uns einordnen müssen: beim Reden in der Kirche anläßlich der Abdankung für einen verstorbenen Freund oder Geschäftsfreund. Hier werden wir in der Regel von der Kanzel reden müssen.

Auf keinen Fall darf uns ein Rednerpult zum Ablesen eines Manuskriptes verleiten. Auch hinter dem Pult arbeiten wir mit Stichwortzetteln, so wie wir es in den Gesetzen 24 ff. sehen werden.

Gesetz Nr. 19

Durch äußere Ruhe
zur inneren Ruhe gelangen.

*Wenn man die Ruhe nicht in sich selbst findet, ist es um-
sonst, sie anderswo zu suchen.* La Rochefoucauld

Kommentar:

Wie beispielsweise für den Fechter, so gibt es auch für den Redner eine Grundstellung: Man steht aufrecht da, in einer kleinen Grätschstellung, das Gewicht gleichmäßig auf beide Füße verteilt; die Arme links und rechts des Körpers herabhängend, nicht angepreßt, sondern locker. Diese Grundstellung verlangt ein gewisses Maß an Selbstbeherrschung und fällt manchem zu Beginn nicht leicht. Die Nervosität verleitet ihn zu unruhigem Hin- und Hergehen, zu Gewichtsverlagerungen vom einen auf den anderen Fuß, zu unkontrollierten Arm- und Handbewegungen. Dadurch signalisiert er den Zuhörern unbewußt seine Unsicherheit. Natürlich soll der Redner nicht während des ganzen Auftritts einer Statue gleich wie sein eigenes Denkmal vor seinen Zuhörern stehen. Bewegungen gehören auch mit dazu – vorausgesetzt es sind Bewegungen, die aus der Sicherheit kommen. Bewegungen, die ihren Ursprung in Nervosität und Lampenfieber haben, gehören konsequent abgestellt. Manchem fällt es schwer, seine unbewußten Regungen bewußt in den Griff zu bekommen. Es erfordert Selbstdisziplin. Doch in übertragenem Sinn gilt, was George Balanchine vom Ballett gesagt hat: Stählerne Disziplin ist das Geheimnis federleichten Tanzes.

Warum ist diese ruhige und sicher wirkende Grundstellung so wichtig? Die Ruhe und die Sicherheit, die ein Redner ausstrahlt, können für seinen Redeerfolg entscheidend sein. Sowohl Sicherheit wie Unsicherheit übertragen sich auf die Zuhörer, machen diese ebenfalls sicher oder unsicher. Der Redner erweist sich einen schlechten Dienst, der glaubt, es würde seine Zuhörer für sich einnehmen, wenn er ihnen zeigt, wie befangen, wie unsicher er sich fühlt. Das Gegenteil ist der Fall. Zuhörer lehnen einen unsicheren Redner instinktiv ab. Es ist lediglich eine Zeitfrage, bis seine Unsicherheit sich auf die Zuhörer überträgt, sie sich unwohl und ebenfalls unsicher fühlen und dadurch nervös, gereizt, allenfalls gar aggressiv werden. Ja, Unsicherheit zeigt sich nicht nur gern in Aggressivität; sie weckt auch leicht Aggressionen auf der Gegenseite. Ganz ähnlich wie bei zwei Hunden, die sich begegnen: zeigt der eine Angst, dann geht der andere auf ihn los. Wenn wir überzeugen wollen, müssen wir sicher wirken. Es gibt eine direkte Linie: überzeugend wirkt, wer glaubhaft wirkt; und glaubhaft wirkt, wer sicher wirkt. Wenn wir die Reihe umdrehen: Glaubt man jemandem, der seine Sache unsicher vertritt, so ohne weiteres? Werden da nicht unbewußt Zweifel wach? Kann er dann noch überzeugen? Wir haben schon darauf hingewiesen, wie schwer es manchen fällt, ruhig vor ihren Zuhörern zu stehen, ohne ihre Nervosität sichtbar werden zu lassen. Der eine oder andere sagt gar: Wenn ich mich zusätzlich darauf konzentrieren muß, ruhig zu stehen, dann fühle ich mich erst recht unsicher. Das mag zutreffen. Nur kommt es nicht so sehr darauf an, wie sich der Redner fühlt, als wie er auf die Zuhörer wirkt. Dazu kommt, daß bei fast allen Verhaltensweisen, die wir verbessern wollen, zunächst ein Rückschritt eintritt, ehe der Fortschritt kommt. Sei es, daß einer beim Skilaufen oder Tennis eine neue Technik erarbeitet; sei es, daß jemand beim Maschineschreiben vom Zweifinger- auf das Zehnfingersystem umstellt – immer wird es zunächst schlechter gehen als nach der bisherigen Methode. Das müssen wir in Kauf nehmen. Ist es dann nicht doch besser, wenn man sich hinter einem Rednerpult verstecken kann? Nein, denn das Rednerpult bietet nur vermeintlichen Schutz. Man hat schon immer gesagt: Was man nicht sieht, sieht man eben doch. Damit meinte man unter anderem die trotz Pult sichtbaren Verrenkungen des Oberkörpers als Folge der unsicheren Haltung. Wie wahr ist die Erkenntnis erst heute, wo bei Fernsehübertragungen der Redner von allen Seiten aufgenommen wird und der Kamera kaum eine Bewegung verborgen bleibt.

In gewissem Sinne haben wir bei der Haltung eine Parallele zur Meditation. Wer sich schon damit befaßt hat, weiß, daß alle Meditationstechniken vom selben Prinzip ausgehen: über die äußere Ruhe zur inneren Ruhe zu gelangen. Im Sitzen oder Liegen den Körper ruhigstellen als Voraussetzung, um innerlich ruhig zu werden. Auf den Redner übertragen heißt das: Ruhig wirken ist der erste Schritt zum Ruhig-Werden. Wenn wir es durch das nötige Maß an Selbstdisziplin fertigbringen, ruhig vor unseren Zuhörern zu stehen, so daß diese eine allenfalls vorhandene Nervosität gar nicht bemerken; wenn wir spüren, daß wir sicher wirken, uns und unser Publikum im Griff haben – daraus erwächst von Mal zu Mal die tatsächliche Sicherheit.

71

Gesetz Nr. 20

Erst bei ungeteilter
Aufmerksamkeit zu reden
beginnen.

Aufmerksam zuhören ist das beste Kompliment für den
Sprecher.   Thomas Carlyle

Kommentar:

Auch beim wohlmeinendsten Publikum entsteht eine gewisse Unruhe, wenn der Redner aufsteht oder hereinkommt und seinen Redeplatz einnimmt. Diese Unruhe muß sich erst wieder senken. Es hat keinen Sinn, mit Reden zu beginnen, solange die Zuhörer noch mit anderem beschäftigt sind. Dem Redner gebührt ungeteilte Aufmerksamkeit.

Wie soll man sich verhalten? Am besten verharrt man am Redeplatz ruhig in der Grundstellung, den Blick offen zum Publikum gerichtet. Keine unruhigen oder gar strafenden Blicke, keine ironischen oder beißenden Bemerkungen zu einzelnen noch unaufmerksamen Zuhörern.

Es geht nicht darum, jemanden zu bestrafen; es geht einzig und allein um die Sache – daß sich die Unruhe möglichst bald legt, daß man die Aufmerksamkeit gewinnt. In der Regel geht das rasch, und die auf diese Weise, durch natürliche Autorität gewonnene Ruhe ist dauerhafter als momentane, durch Hilfsmittel wie an ein Glas schlagen oder mit einer Glocke läuten erzwungene.

Das selbstverständliche Verharren bis zur Einkehr der Ruhe erfordert Kraft. Es ist ja auch eine Art Kräftemessen mit dem Publikum. Ob wir diese Kraft aufbringen, kann entscheidend sein, ob wir unser Publikum während des Vortrags und der allfälligen Diskussion in der Hand haben werden.

Die Sekunden des Verharrens vor Redebeginn dienen gleichzeitig zur inneren Sammlung.

Gesetz Nr. 21

Das Entgegennehmen des Applauses ist noch Bestandteil der Rede.

Ob sich Redner darüber klar sind, daß es sich bei 90 Prozent des Beifalls, den sie beim Zusammenfalten ihres Manuskriptes entgegennehmen, um einen Ausdruck der Erleichterung handelt? Robert Lembke

Kommentar:

Genauso wichtig wie der wirkungsvolle Auftritt ist der wirkungsvolle Abgang. Sich nicht verlegen verkrümeln, wenn man am Schluß angelangt ist, aber auch nicht davonhasten, als ob man gestohlen hätte. Das Entgegennehmen des Applauses ist noch Bestandteil der Rede. Das bedeutet, vorne warten, bis der Applaus verebbt ist. Wir brauchen ja nicht zu warten, bis das allerletzte Applaus-Tröpfchen getröpfelt hat, aber doch bis die großen Wogen vorbei sind. Mit einem leichten Nicken zum Publikum verlassen wir sicheren Schrittes den Redeplatz.

Gesetz Nr. 22

Ein Manuskript
hat in der Hand des Redners
nichts verloren.

... auch freut es jedermann, wenn der Redner nach jedem Viertelsatz mißtrauisch hochblickt, ob auch noch alle da sind. Kurt Tucholsky

Kommentar:

Äußerlich frei sein bedeutet nicht nur, frei sein von Tischen und Rednerpulten; es bedeutet auch und vor allem, frei sein von einem Manuskript.
Wer kennt nicht den Redner, der sich hinter ein Rednerpult stellt, sein Manuskript darauflegt und es herunterliest? Ohne jeden Kontakt zum Publikum, mit einschläfernder Stimme. Eine fade, eine leblose Angelegenheit; gestorben, ehe es begonnen hat.
Wohl nicht umsonst heißt es in Paragraph 37 der Geschäftsordnung des Deutschen Bundestages:
»(1) Die Redner sprechen grundsätzlich in freiem Vortrag. Sie können hierbei Aufzeichnungen benützen. Im Wortlaut vorbereitete Reden sollen eine Ausnahme sein; sie dürfen nur verlesen werden, wenn sie beim Präsidenten mit Angabe von Gründen angemeldet sind und der Präsident in die Vorlesung einwilligt.
(2) Der Präsident hat den Redner zu mahnen, wenn dieser ohne seine Einwilligung eine im Wortlaut vorbereitete Rede vorliest. Nach einer weiteren Mahnung soll er ihm das Wort entziehen.«
So streng sind hier gewisse Bräuche!
Ein Manuskript zu schreiben kann ausnahmsweise sinnvoll sein, wenn jemand noch keine große Vortragserfahrung besitzt und sich zudem mit dem Thema so gründlich auseinandersetzen möchte, wie dies nur möglich ist. Da kann das Schreiben eines Manuskriptes zusätzliche Sicherheit geben. Oder es kann sogar unumgänglich sein, wenn man dem Veranstalter ein Manuskript abgeben

---

muß, das nach Schluß der Veranstaltung den Zuhörern vervielfältigt abgegeben wird.

Wenn wir aus dem einen oder anderen Grund ein Manuskript schreiben, dann darf es nachher allerdings nichts anderes geben, als mit einem Leuchtstift diejenigen Punkte zu markieren, die die Stichworte liefern sollen, und sie auf die Stichwortzettel (Gesetze 24 ff.) zu übertragen. Zum Auftritt selbst nehmen wir lediglich die Stichwortzettel mit; das Manuskript lassen wir zu Hause. So geraten wir nicht in Versuchung, es auf ein möglicherweise vorhandenes Rednerpult zu legen und allen guten Vorsätzen zum Trotz abzulesen.

Gesetz Nr. 23

**Auswendig lernen ist
genauso schlecht wie ablesen.**

Ich vergesse, also bin ich. Henry de Montherlant

Kommentar:

Eine Alternative zum Ablesen wäre, ein Manuskript zu
schreiben, auswendig zu lernen und vorzutragen. Das
wäre genauso leblos wie ablesen. In Gedanken würden
wir ja doch am Manuskript kleben: Seite drei, oben – dies;
Seite fünf, unten – jenes. Dazu käme die ständige Angst,
etwas zu vergessen, und aus dieser Angst heraus würden
wir auch prompt dieses oder jenes vergessen.

Gesetz Nr. 24

Gute Redner
arbeiten mit Gedächtnisstützen.

Das Gedächtnis ist ein kapriziöses und launiges Wesen, einem jungen Mädchen zu vergleichen; bisweilen verweigert es ganz unerwartet, was es hundertmal geliefert hat, und bringt es dann später, wenn man nicht mehr daran denkt, ganz von selbst entgegen. Schopenhauer

Kommentar:

Was dann, wenn wir nicht ablesen und auch nicht auswendig vortragen? Wir arbeiten mit Gedächtnisstützen. Frei reden heißt nicht, seine Sache vollkommen frei aus dem Gedächtnis vorzutragen; es heißt durchaus, mit Gedächtnisstützen zu arbeiten. Sie sind auch keineswegs ein Zeichen von Schwäche, sondern vielmehr ein Beweis dafür, daß man weiß, wie man es macht. Nicht umsonst arbeiten professionelle Redner fast durchwegs mit Gedächtnisstützen.

Auf Stichwortzetteln – wie sie beschaffen sein sollen, zeigen die folgenden Gesetze – notieren wir die Gedanken zum Inhalt des Vortrags. Aus dem Gedächtnis, aus der Stoffsammlung oder auf dem Umweg über ein Manuskript. Beim Vortrag halten wir diesen Stoß Stichwortzettel in der einen Hand, und zwar als Rechtshänder in der linken, als Linkshänder in der rechten: also in der »schwächeren« Hand, um bei Bewegungen, die man naturgemäß mit der »stärkeren« ausführt, nicht mit den Zetteln in der Luft herumzufuchteln.

Zuoberst ist immer derjenige Zettel, den wir gerade als Gedächtnisstütze brauchen. Das darauf vermerkte Stichwort ruft die dazugehörenden Gedanken und Überlegungen wach, und diese äußern wir spontan: zwei Sätze, zwanzig Sätze; fünf Minuten, zehn Sekunden – bis nichts mehr zu dem Punkt zu sagen ist. Nach einem Kontrollblick, mit dem wir uns vergewissern, daß der Punkt tatsächlich abgehandelt ist, wandert der nun nicht mehr benötigte Zettel von der vordersten an die hinterste Stelle

83

des Stoßes. Der nächste Zettel liegt zuoberst, und mit diesem verfahren wir genauso. Und wenn der erste Zettel wieder zuoberst liegt, dann ist der Vortrag vorbei. So einfach ist das! So kann uns gar nichts passieren. Wir brauchen keine Angst zu haben, den Faden zu verlieren; gleichzeitig können wir spontan und frei formulieren. So kommen wir zu einem lebendigen Vortrag.

Diese Methode macht uns äußerlich frei und unabhängig. Frei von einem Manuskript, frei von einem Tisch, frei von einem Rednerpult. So können wir überall reden: im Sitzungszimmer, im großen Festsaal, auf freiem Feld – überall.

Gesetz Nr. 25

Stichwortzettel im Format DIN-A6 benützen.

Denn was man schwarz auf weiß besitzt, kann man getrost nach Hause tragen.　　　　Goethe

Kommentar:

In der Praxis bewährt haben sich Stichwortzettel im Postkartenformat DIN-A6. Sind die Zettel kleiner, dann hat kaum etwas darauf Platz, und das Wenige deckt man beim Halten erst noch mit dem Daumen ab. Nimmt man andererseits zu große Blätter, gerät man leicht in Versuchung, auf dem einzelnen Blatt zuviel festzuhalten. Dadurch geht die Übersicht verloren.

Bezogen auf die Papierstärke darf man den Begriff Stichwort-»Zettel« nicht allzu wörtlich nehmen. Vom leichten Blockpapier bis zum festen Halbkarton ist alles denkbar. Man könnte also ebensogut von Stichwort-»Karten« sprechen.

Vor allem bei einem Vortrag, den man mehrmals zu halten hat, verwendet man mit Vorteil Karten, da Zettel rasch unansehnlich würden.

Gesetz Nr. 26

Die Stichwortzettel
nur einseitig beschriften.

Gut bei allem ist Ordnung. Homer

Kommentar:

Wir wollen uns die Redesituation so leicht wie möglich machen und alles vermeiden, was zu Pannen führen könnte. Würden wir die Stichwortzettel sowohl auf der Vorder- als auch auf der Rückseite beschriften, wäre eine Panne geradezu programmiert: Früher oder später bekämen wir ein Durcheinander mit unseren Zetteln. Deshalb die Stichwortzettel immer nur einseitig beschriften.

Groß und deutlich schreiben.

Kommentar:

Wir müssen die Stichworte mit einem Blick erfassen und aufnehmen können. Nicht daß wir während des Redens Mühe haben, unsre eigene Schrift zu entziffern, oder daß wir gar das gespreizte Brille-ab-Brille-auf zelebrieren. Deshalb groß und deutlich schreiben, am besten mit einem kräftigen Filzstift.

Gesetz Nr. 28

Nur ein Hauptgedanke
pro Stichwortzettel.

Kommentar:

Neben dem eigentlichen Hauptgedanken können wohl
noch Unterbegriffe auf demselben Zettel festgehalten
werden. Nie dürfen jedoch mehrere Hauptgedanken auf
dem gleichen Zettel stehen. Beim Aufnehmen der Information würden wir sie, zumindest unbewußt, miterfas-
sen, sie kämen einander in die Quere, und darunter würde
die Konzentration leiden.

Wenn wir den Grundsatz hochhalten wollen, immer nur
über das zu reden, was uns der Stichwortzettel anzeigt,
dann dürfen wir immer nur einen Hauptgedanken festhalten.

Keine ganzen Sätze festhalten.

Kommentar:

Tasso geht es um die Freiheit des Geistes, der Gedanken. Sie zeichnet den überzeugenden Redner aus. Damit sich Gedanken frei entwickeln können, muß man ihnen Raum lassen, darf man sie nicht einengen. Je mehr Freiheit ein Stichwort läßt, um so leichter läßt sich der Gedanke entwickeln, um so klarer die Formulierung.

Es wäre ein Irrtum zu glauben, ausformulierte Gedanken auf den Stichwortzetteln würden das Reden erleichtern. Das Gegenteil ist der Fall: Je mehr ein Gedanke durch Vorgaben kanalisiert ist, desto schwieriger wird es, sich frei zu äußern. Man befände sich wieder in einer Ablese-Situation, nun einfach von A6-Zetteln anstatt von A4-Seiten, aber deswegen um keinen Deut besser.

Gesetz Nr. 30

Besonders Wichtiges durch Farben kennzeichnen.

Ein Ding ist dann wichtig, wenn irgend jemand denkt, daß es wichtig ist. William James

Kommentar:

Oft ist es weiter nicht schlimm, wenn etwas untergeht, sei es ein Neben- oder gar ein Hauptgedanke. Ärgerlich ist es hingegen, wenn man etwas Wichtiges zu sagen vergißt. Um uns davor zu bewahren, markieren wir Stichworte, die wir auf keinen Fall übersehen dürfen, mit einer Farbe. Das empfiehlt sich besonders bei Punkten, die erst bei der Vorbereitung des Vortrags Bestandteil des Wissens wurden, deshalb noch nicht fest verankert sind und sich nicht zwangsläufig durch Assoziation melden.

Gesetz Nr. 31

Mögliche Kürzungen farbig markieren.

Wo nicht die Zeit ist, fasse dich in Reden kurz.

Sophokles

Kommentar:

Man kommt als Redner immer wieder in die Situation, kürzen zu müssen; sei es aus eigenem Antrieb, sei es, weil man darum gebeten wird. Kürzen beim Ablesen eines Manuskriptes ist fast hoffnungslos. Jeder Satz baut auf dem vorhergehenden auf, und da nun während des Vortrags, unter Zeitdruck am richtigen Punkt zu unterbrechen und wieder einzusetzen, ist kaum zu machen. Ablesende Redner nehmen deshalb bei Zeitdruck fast immer zu einem schnelleren Redetempo Zuflucht und machen die Sache dadurch noch schlimmer. Die Deutlichkeit der Aussprache leidet; sie werden nicht mehr verstanden. Oder die Zuhörer sind durch das übersetzte Tempo überfordert und schalten ab. Kürzen beim Reden nach Stichworten ist problemlos. Weil man ja ohnehin spontan formuliert, kann man ohne weiteres einen oder mehrere Zettel überschlagen, die nicht so wichtig sind, und dort weiterreden, wo es wieder wichtig wird. Doppelt problemlos ist es dann, wenn man sich auf diese Situation vorbereitet hat. Man tut es, indem man bei der Vorbereitung des Vortrags alle Stichwortzettel, die nicht unbedingt abgehandelt werden müssen, mit einer besonderen Farbe markiert. Die Frage »Weglassen – nicht weglassen?« muß nun nicht in der Hitze des Gefechts entschieden werden. Man hat sie vorher in aller Ruhe geklärt, und wenn man während des Vortrags zu kürzen beschließt, überschlägt man einfach die farbig markierten Zettel, ohne noch groß überlegen zu müssen. Früher waren Veranstalter in bezug auf Zeitüberschreitungen recht großzügig. Diese falsch verstandene Toleranz führte immer wieder dazu, daß bei Veranstaltungen mit mehreren Rednern die ersten nach Belieben ihre Zeit überzogen, während die letzten oft vor leeren Sälen reden mußten, weil die Zuhörer genug hatten oder abreisen mußten. Heute ist man wesentlich härter geworden, insbesondere natürlich bei Radio und Fernsehen. So kann es passieren, daß ein Lämpchen aufleuchtet oder jemand ein entsprechendes Zeichen macht oder einem ein Zettel hingelegt wird: »Noch eine Minute!« Was ist in einer solchen Situation zu tun, was ist jetzt das Wichtigste? Keine Floskeln, keine Bemerkungen, was alles man noch hätte sagen wollen, wenn die Zeit nicht abgelaufen wäre, sondern: alles weglassen, was nicht unbedingt sein muß, und eine möglichst elegante Überleitung zum vorbereiteten Redeschluß! Das unbedingt noch anbringen, was die Zuhörer mitnehmen sollen, die Konsequenz aus dem bisher Gesagten.

Bei Zeitdruck nicht das Tempo erhöhen, sondern alles Unnötige weglassen.

Gesetz Nr. 32

Starten und Landen
sind auch beim Reden
am schwierigsten.

Mancher will fliegen, eh' er Federn hat.   Sprichwort

Kommentar:

Reden und Fliegen haben etwas gemeinsam: Unfälle ereignen sich fast immer beim Starten oder beim Landen. Unterwegs geht es in der Regel gut. Das bedeutet für den Redner: Anfang und Schluß der Rede müssen sitzen. Ein guter Start gibt Sicherheit, trägt einen durch den Vortrag. Er gibt doppelte Sicherheit, wenn man zudem weiß, daß auch die Landung keine Probleme bieten wird. Was bedeutet das konkret? Die Kerngedanken, mit denen wir beginnen respektive aufhören, müssen klar vor uns stehen. Das heißt nicht, sie auswendig zu lernen; das würde möglicherweise beim Übergang zum spontanen Formulieren zu einem Stilbruch führen. Aber immer noch besser, die ersten und die letzten zwei, drei Sätze auswendig vortragen, als unsicher beginnen und unklar aufhören.

3.
Wie man Vorträge rationell vorbereitet

Gesetz Nr. 33

Sich geistig und methodisch richtig vorbereiten.

Am meisten Vorbereitung kosteten mich immer meine spontan gehaltenen improvisierten Reden.

Winston Churchill

Kommentar:

Die Vorbereitung eines Vortrags umfaßt nicht nur die zu
leistende Denkarbeit; sie schließt auch die methodisch
richtige Vorbereitung ein, die handwerkliche Seite gewissermaßen. Um uns rationell und zeitsparend vorzuberei-
ten, halten wir uns am besten an das folgende Schema:
1. Ständig ans Ziel denken
2. Stichworte auf Zettel notieren
3. Zettel auf Tisch ausbreiten
4. Reihenfolge festlegen
5. Ruhen lassen
6. Eliminieren
7. Ergänzen
8. Neu ordnen
9. Numerieren
10. Titel bestimmen respektive überprüfen
Die folgenden Kommentare gehen auf diese Punkte ein.

Gesetz Nr. 34

Bei der Vorbereitung ständig an das Ziel denken.

Wer nicht genau weiß, wohin er will, braucht sich nicht zu wundern, wenn er ganz woanders ankommt.

Robert F. Mager

Kommentar:

Reden als Selbstzweck ist Zeitverlust; reden soll etwas in Bewegung setzen. Damit sich etwas bewegt – in unserem Sinn bewegt –, müssen wir uns über das Ziel, das wir anstreben, klar sein und es ständig vor Augen haben. Es soll wie ein Leitstern über der ganzen Vorbereitung stehen: Warum rede ich? Was will ich erreichen? Was soll geschehen?

Gesetz Nr. 35

Stichworte auf Zettel notieren.

Schreiben zwingt zu klarem Denken.   Alfred Mohler

Kommentar:

Gut vorbereitet heißt schriftlich vorbereitet. Das bedeutet nicht, Romane zu schreiben; es bedeutet vielmehr, die Gedanken zur Sache in prägnanten Stichworten festzuhalten. Mit diesen Stichwortnotizen beginnen wir am besten gleich dann, wenn wir uns zum ersten Mal mit unserem Thema befassen. Es hat keinen Sinn, sich zunächst bloß Gedanken zu machen und diese dann erst zu einem späteren Zeitpunkt festzuhalten. Das würde eine unnötige Mehrarbeit bedeuten, außerdem käme die Gefahr hinzu, daß der eine oder andere Gedanke unterginge, weil er nicht sofort festgehalten wurde. Am besten schreiben wir die Stichworte gleich auf A6-Zettel. So ersparen wir uns die zusätzliche Arbeit des späteren Übertragens.

Die Vorbereitung beginnt also gewissermaßen mit einem Stoß leerer Stichwortzettel. Auf diesen Zetteln halten wir zunächst völlig wahllos und ohne Beachtung einer Reihenfolge alles fest, was zum Thema gesagt werden muß – aus dem Gedächtnis, aus der Stoffsammlung oder auf dem Umweg über ein Manuskript (wir sprachen im Kommentar zum Gesetz Nr. 22 davon).

111

Gesetz Nr. 36

Ordnung in die Gedanken bringen.

Ordnung ist alles an uns und zwecklos nicht das Geringste.
Johann Kaspar Lavater

Kommentar:

Ist alles, was zum Thema gesagt gehört, in Stichworten festgehalten, breiten wir die Zettel auf dem Tisch aus – wir verschaffen uns Überblick über unsere Gedanken. Dann bestimmen wir deren Reihenfolge nach der Fünf-Punkte-Formel respektive Antiken Redegliederung (Gesetze Nr. 44 ff.) und ordnen die Stichwortzettel entsprechend.

Wenn möglich: ruhen lassen.

Kommentar:

In »Menschliches, Allzumenschliches« sagt Nietzsche:
»Wer seine Gedanken nicht aufs Eis zu legen versteht, der
soll sich nicht in die Hitze des Streits begeben.« Nun,
nicht alle Reden sind Streitreden, aber allen Reden bekommt es gut, wenn die Gedanken eine Weile auf dem Eis
lagen.
Man hat nicht immer die zeitliche Möglichkeit, den Vortrag nach der Vorbereitung zunächst einmal beiseite zu legen und einen oder mehrere Tage ruhen zu lassen. Wo es
möglich ist, sollte man es tun, um etwas Distanz zu gewinnen, ehe man die Vorbereitung anhand der Gesetze
Nr. 38–42 zu Ende führt.

Gesetz Nr. 38

Was nicht wirkt, das schadet.

Ein Text ist nicht dann vollkommen, wenn man nichts mehr hinzuzufügen hat, sondern wenn man nichts mehr weglassen kann. Antoine de Saint-Exupéry

Kommentar:

Beim Reden kann man des umsichtigen Hausvaters Patentrezept nicht anwenden: »Nützt's nicht, so schadet's nicht.« Nein! Beim Reden gilt vielmehr: Was nicht nützt, das schadet! Was keine positive Wirkung hat, ist nicht einfach wirkungslos – es hat negative Wirkung. Denn je mehr Unwesentliches gebracht wird, um so mehr geht das Wesentliche in der Relation unter. Deshalb alles weglassen, was nicht unbedingt gesagt gehört. Allen Ballast eliminieren: Das hat mit dem Thema nichts zu tun – raus! Das habe ich bereits gesagt und muß nicht unbedingt wiederholt werden – raus! Das kann ich bei meinen Zuhörern voraussetzen – raus!

Rücksichtslos (dem eigenen Wissen und der eigenen Eitelkeit gegenüber) alle Stichwortzettel eliminieren, die nicht zwingend hineingehören. Denn was nicht wirkt, das schadet.

Gesetz Nr. 39

Ergänzungen vornehmen.

Dieser Gedanke erschien dem Zweifelnden endlich der beste.
Homer

Kommentar:

Während wir die Vorbereitung ruhen lassen, befaßt sich unser Unterbewußtsein weiter damit. Und genauso wie wir in der Folge Gedanken eliminieren, können uns andere bewußt werden, die wir zusätzlich aufnehmen. Solche Ergänzungen in der Vorbereitungsphase sind sinnvoll, weil sie in Ruhe überlegt und abgewogen werden können. Hüten wollen wir uns hingegen vor Ergänzungen, die uns erst während des Redens zufliegen. Es braucht ein großes Maß an Routine, solche sich spontan regende Gedanken während des Redens auf ihren Gehalt und Sinn zu prüfen und sie darüber hinaus auch noch richtig zu plazieren. Meistens erfährt der Vortrag dadurch keine Verbesserung, und deshalb widerstehen wir lieber der Versuchung. Ergänzungen jedoch, deren Für und Wider bei der Vorbereitung in Ruhe abgewägt werden konnten, sind in Ordnung.

Gesetz Nr. 40

Neu ordnen.

Kommentar:

Als Folge des Weglassens und des Ergänzens ist unter Umständen der ursprünglich vorgesehene Aufbau durcheinandergeraten. Er stimmt nicht mehr oder nicht mehr in allen Teilen. Wir müssen deshalb die Folgerichtigkeit unserer Gedanken nochmals überprüfen und allenfalls die Stichwortzettel neu ordnen.

Gesetz Nr. 41

Die Stichwortzettel numerieren.

Wunderlich, wie alles wiederkommt und alles so furchtbar folgerichtig.   Hermann Hesse

Kommentar:

Die Stichwortzettel können einem durch eigene oder Unachtsamkeit eines andern aus der Hand rutschen und zu Boden fallen. Sind sie nicht numeriert, müssen wir einen großen Teil der Denkarbeit nochmals leisten, um sie wieder in die richtige Ordnung zu bringen. Deshalb die Stichwortzettel fortlaufend numerieren.

Gesetz Nr. 42

Der Titel ist
ein wichtiger Teil des Vortrags.

Mit Speck fängt man die Mäuse.   Sprichwort

Kommentar:

Mit dem Numerieren der Stichwortzettel ist die Vorbereitung eigentlich abgeschlossen. Es fehlt nur noch eines: Das Kind braucht einen Namen. Das Thema, über das man spricht, ist natürlich bei Beginn der Vorbereitung bekannt. Den Titel, mit dem man seine Rede, seinen Vortrag ankündigen will, formuliert man besser erst am Schluß, da einem dazu beim konkreten Befassen mit der Sache meistens noch gute Ideen kommen.

An den Titel sind zwei Anforderungen geknüpft: Er soll attraktiv sein; er bedeutet aber auch eine Verpflichtung.

Er soll den Zuhörern also zunächst einmal Lust auf den Vortrag machen. Ein unattraktiver Titel lockt niemanden hinter dem Ofen hervor, und wer nicht muß, wird sich hüten, an einen Vortrag zu gehen, der schon vom Titel her Langeweile verspricht. Wir müssen uns aber auch klar sein, daß ein Titel eine Verpflichtung bedeutet. Wir können nicht einen anziehenden Titel wählen – als Köder gewissermaßen – und dann an diesem Titel vorbeireden.

Wie wird ein Titel attraktiv? Er soll vor allem einmal das Interesse der Zuhörer wecken. Wir müssen uns den Zuhörerkreis vergegenwärtigen und uns fragen, was genau aus der zu behandelnden Thematik diesen bestimmten Zuhörerkreis am ehesten ansprechen wird. Und in diese Richtung hat der Titel zu zielen.

Er gehört nun noch in eine Form verpackt, die das Interesse zusätzlich weckt. Wir werden im Kommentar zum Gesetz Nr. 59 sehen, daß Fragen ein wertvolles rhetorisches Mittel sind, um die Aufmerksamkeit und das Interesse der Zuhörer zu gewinnen. Diese Erkenntnis können wir uns bereits bei der Formulierung des Titels zunutze machen. Ein Titel, der in eine gut formulierte Frage gekleidet ist, ruft stärkeres Interesse wach als ein Titel in der Aussageform.

Als drittes ist zu beachten: Bei der Titelgestaltung nicht einfach Hauptwörter, Schlagwörter verwenden, sondern mit Tätigkeitswörtern arbeiten. Der Titel wird lebendiger. Das Formulieren als Frage und der Gebrauch von Tätigkeitswörtern bringen uns einen zusätzlichen Nutzen: Wir werden gezwungen, das Thema zu konkretisieren; der Titel wird zur Richtschnur. Ein treffender Titel zwingt geradezu zur Zielstrebigkeit.

Ein Titel wie »Autofahren und Umweltschutz« wird außer den eigenen Anhängern, die ja ohnehin schon gewonnen sind, kaum jemanden in den Saal bringen. Anders vielleicht, wenn derselbe Vortrag angekündigt würde: »Wie können wir beim Autofahren Geld sparen?« Jetzt wurde ein die Zuhörer ansprechender Aspekt, der durchaus in der Gesamtthematik liegt (Geld sparen durch langsames Fahren = Benzinersparnis, Schonung von Reifen und Motor usw.), herausgegriffen und zum Titel gemacht. Die Sache wird für einen weiteren Kreis interessant, und der Redner wird dennoch der Titel-Verpflichtung gerecht.

Der Titel kann entscheidend sein, ob die Zuhörer indifferent, positiv oder negativ gestimmt zu unserem Vortrag kommen. Formulieren wir ihn also attraktiv unter Berücksichtigung der drei Punkte:

1. Interesse wecken
2. Als Frage formulieren
3. Tätigkeitswörter verwenden

Diese drei Punkte können wir auch zugrundelegen, wenn es um Einladungen zu Sitzungen und Tagungen geht, um die Teilnehmer nach Möglichkeit in eine positive Erwartungshaltung zu versetzen.

Hin und wieder hat man die Situation, daß einem ein Vortragstitel vom Veranstalter vorgegeben wird. Solche Titel sollten wir nicht einfach übernehmen, sondern immer prüfen, ob sie nicht besser und aussagefähiger formuliert werden können.

4.
Wie man eine Rede
klar und folgerichtig aufbaut

Gesetz Nr. 43

Der klare Aufbau gibt der Rede und dem Redner Halt.

Eine Rede ohne klaren Aufbau ist wie ein Haus ohne Fundament. Alfred Mohler

Kommentar:

Manche Reden gleichen einem Spaziergang quer durch den Garten: da eine Gedankenblume, dort ein Ideengrashalm. Man weiß nicht so recht, was daraus werden soll: ein Blumenstrauß zum Muttertag oder Futter für die Kaninchen. Irgend etwas gibt es immer – nur nicht immer das, was der Redner eigentlich wollte. Enttäuschend und unbefriedigend für den Redner; enttäuschend und unbefriedigend für die Zuhörer.

Damit eine Rede wie aus einem Guß wirkt und nicht einem unvollendeten Puzzle gleicht, braucht sie einen klaren Aufbau. Er gibt ihr den erforderlichen äußeren Rahmen; gleichzeitig gibt er dem Redner inneren Halt, weil er die Gewißheit hat, daß sich seine Gedanken folgerichtig und zielstrebig entwickeln.

Quintilian, ein bedeutender Redner im alten Rom, sagt zum Aufbau: »Zunächst soll der Weg, den die Rede einzuschlagen hat, bekannt sein; denn der Wettlauf kann nicht glücken, bevor wir wissen, welche Richtung und welchen Weg wir einschlagen müssen. Dabei genügt es nicht, die einzelnen Teile einer Rede genau zu kennen oder den einzelnen Punkt richtig zu disponieren, obwohl das die Hauptsache ist, sondern man muß auch wissen, was in jedem dieser Teile zuerst vorzubringen ist, was an zweiter Stelle und was nachher; ferner was seiner Beschaffenheit nach so eng zusammenhängt, daß es weder seinen Platz vertauschen kann noch eine Trennung verträgt, ohne daß Verwirrung entsteht.«

Gesetz Nr. 44

Die Fünf-Punkte-Formel verhilft zu einem klaren Aufbau.

Eine Rede ist wie eine Liebesaffäre. Jeder Dummkopf kann damit anfangen. Sie zu Ende zu bringen erfordert einige Geschicklichkeit. Lord Mancroft

Kommentar:

Wie ist ein Vortrag aufzubauen, damit er Hand und Fuß
hat und Wirkung erzielt? Da und dort wird als Gliederung empfohlen: Einleitung – Hauptteil – Schluß. Dieser
Aufbau hört sich in der Theorie brauchbar an, dem Prak-
tiker bietet er aber keine ausreichende Handhabe, weil die
drei Punkte zuwenig aussagen. Zudem berücksichtigt
diese undifferenzierte Gliederung die psychologischen
Aspekte nicht, die aber beim Aufbau genauso zu bedenken sind wie beim Formulieren. In der Praxis bewährt hat
sich unsere

Fünf-Punkte-Formel
1. Interesse wecken
2. Sagen, worum es geht
3. Begründen
4. Beispiel(e) bringen
5. Zum Handeln auffordern

Wenn wir nach diesen fünf Punkten vorgehen, dann hat
das Ganze ein Gesicht, dann zieht sich ein Faden der Fol-
gerichtigkeit durch unsere Rede. Nicht nur durch unsere
Rede, denn die Fünf-Punkte-Formel ist universell an-
wendbar:
- Aufbau einer Rede, eines Vortrags, einer Ansprache,
  einer Präsentation
- Gliederung eines Artikels, eines Rundschreibens, eines
  Werbebriefs
- Formulierung von Anträgen und Entgegnungen in
  Diskussionen, an Sitzungen und Konferenzen

133

Kommentar:

- Ordnen der Gedanken in rhetorischen Spontansituationen und bei der Vorbereitung von Verhandlungen
  Gerade in schwierigen Gesprächssituationen mit Kun-
  den, Mitarbeitern oder Vorgesetzten erweist sich die
  Fünf-Punkte-Formel als besonders wertvoll. Anstatt einfach loszuschießen, vergegenwärtigen wir uns erst die
  fünf Punkte und formulieren dann entsprechend. Wir
  werden feststellen, daß sich dadurch manche Tür leichter
  öffnet als bisher, manche Tür vielleicht überhaupt erst
  aufgeht, die bisher verschlossen blieb. Weil wir verbindlicher formulieren, erzeugen wir weniger Widerstand, gewinnen wir leichter für uns und unsere Sache.
  Die nächsten Gesetze befassen sich mit den fünf Punkten
  im einzelnen.

Gesetz Nr. 45

Interesse weckt nur,
was für den Zuhörer interessant ist.

Um Erfolg zu haben, mußt du den Standpunkt des anderen einnehmen und die Dinge mit seinen Augen betrachten.
Henry Ford

Kommentar:

Einen Fehler kann man immer wieder beobachten: Anstatt empfängerorientiert wird absenderorientiert gedacht
und als Folge davon geredet (und oft auch geschrieben).
Redner gehen von ihrem Interesse aus, statt vom Interesse
der Zuhörer. Sie überlegen sich, wo ihr Interesse an der
Sache liegt, und über dieses – ihr – Interesse steigen sie
ein. Oder sie überlegen überhaupt nichts, fallen einfach
mit der Tür ins Haus und wundern sich dann, daß ihnen
die Zuhörer nicht mit gespannter Aufmerksamkeit oder
gar begeistert folgen. Doch wen – außer vielleicht den
Redner selbst – begeistert schon ein Anfang wie:»Wenn
ich heute vor Ihnen stehe und zu Ihnen spreche, dann geht
es mir vor allem darum ...«?
Oder greifen wir das Beispiel aus dem Kommentar zum
Gesetz Nr. 42 nochmals auf. Beginnt der Redner, indem
er, möglichst langatmig, den Umweltschutz idealisiert,
wird er, wenn überhaupt, das Interesse der überzeugten
Anhänger seiner Sache gewinnen. Aber gerade die und
deren Interesse braucht er ja gar nicht mehr zu gewinnen;
sie stehen ja ohnehin schon auf seiner Seite. Nein, er muß
sich überlegen, wie er seine noch indifferenten Zuhörer
gleich zu Beginn packen kann, um sie für das zu motivieren, was er schließlich von ihnen will. Vielleicht ist es, wie
im Titel-Beispiel vorgeschlagen, der Geldbeutel. Dann
muß er eben damit beginnen. Und wenn er über diesen
Einstieg die Zuhörer für die Sache an sich interessieren
kann, dann ist er seinem Ziel – die Umwelt zu schützen –
schon einen großen Schritt nähergekommen, vielleicht

137

ohne überhaupt noch von Umweltschutz gesprochen zu haben. Ob das Interesse des Redners dabei anders gelagert ist, ist grundsätzlich bedeutungslos. Er muß vom Interesse der Zuhörer, die es zu gewinnen gilt, ausgehen, nicht von seinem eigenen. Ein Fischer wird auch nicht Schwarzwälder Torte an die Angel geben, sondern einen Wurm, auch wenn er selbst lieber Schwarzwälder Torte hat.

Es lohnt sich, bei der Vorbereitung Zeit darauf zu verwenden, sich gut zu überlegen, womit man beginnen will, um sich das Interesse der Zuhörer gleich zu Beginn zu sichern, um sie von Anfang an richtig zu motivieren.

Interesse wecken kann auch bedeuten, auf ein aktuelles Ereignis Bezug zu nehmen und es als Aufhänger zu benützen. Interesse wecken kann auch darin bestehen, Spannung zu erzeugen, indem man – ähnlich einer Fahrt ins Blaue – nicht direkt zur Sache kommt. Dabei muß man sich allerdings davor hüten, den Bogen zu überspannen, damit sich die Zuhörer nicht genarrt vorkommen und verärgert werden. Auch eine Anekdote oder ein Witz können wohl einmal einen guten Einstieg abgeben. Aber Vorsicht: Nicht alles, was der Redner lustig findet, finden auch die Zuhörer lustig. Vorsicht auch vor dramatischen Effekten, wie sie zum Beispiel in Amerika beliebt sind. Wir Europäer trennen zwischen einer Rede und einer Show.

»Gute und schlechte Wahlkampf-Rhetorik, dargestellt an den Wahlen zum Deutschen Bundestag 1983« war das

Kommentar:

Thema der Einzeldiplomarbeit von Hannes Hintermüller. Dieser Diplomarbeit entnehmen wir die beiden nachstehenden Anfänge von Reden, die an derselben Wahlveranstaltung von Kandidaten zweier verschiedener Parteien gehalten wurden:
»Tja, ich möchte erst mal was zur Wirtschaftspolitik sagen. Ich möcht' es nicht allzu lang machen, damit wir also genügend Zeit haben zum Diskutieren. Tja, also die Wirtschaftspolitik ...«
Und:
»Eine Zahl: Im letzten Jahr mußten in der BRD über 15000 Betriebe ihre Pforten schließen. Betriebe, die unter den vorherrschenden Rahmenbedingungen nicht mehr in der Lage waren zu existieren. Was bedeutet dies für uns alle?«
Welcher dieser beiden Einstiege hat wohl mehr Interesse geweckt, und bei welchem Redner waren die Zuhörer wohl mehr bei der Sache?

Gesetz Nr. 46

Klar sagen, worum es geht.

Alles, was sich aussprechen läßt, läßt sich klar aussprechen.
Ludwig Wittgenstein

Kommentar:

Das ist das Kernstück des Vortrags. Der Redner macht mit dem Thema vertraut, schildert die Ausgangslage mit ihren Problemen und kommt dann auf die sich aus dieser Situation heraus bietenden Möglichkeiten und deren Vorteile zu sprechen. Er zeigt den Ist- und Soll-Zustand und schafft so die Ausgangslage für die im Sinne seiner Vorschläge zu ziehenden Schlußfolgerungen. Diese Darlegungen müssen von Klarheit geprägt sein, damit sie von den Zuhörern ohne Mühe verstanden und erfaßt werden können. Um zu der gewünschten Klarheit zu kommen, ist aller Ballast zu vermeiden. Wir müssen wohl alle für die Meinungsbildung nötigen Grundlagen liefern, dürfen aber nicht Dinge breitwalzen, die hinlänglich bekannt sind, oder gar unnötige Gedanken hineinbringen. Das Wesentliche in klaren Worten darlegen und sofort zum nächsten Punkt, zur Begründung übergehen.

Gesetz Nr. 47

Begründen, nicht behaupten.

Wer Gründe anhört, kommt in Gefahr, nachzugeben.
Goethe

Kommentar:

Dieser Punkt kann entscheidend sein, ob der Redner mit seinen Überlegungen und Vorschlägen durchdringt oder nicht. Auf ihn ist deshalb besonderes Gewicht zu legen. Die Begründung soll das untermauern, was bisher gesagt wurde. Dabei dürfen nicht einfach Behauptungen aufgestellt werden, sondern der Redner hat klare, überzeugende, stichhaltige Argumente zu liefern, wieso seine Ansicht richtig ist, warum seine Vorschläge von Vorteil und von Nutzen sind.

Als Faustregel können wir uns merken: Haben wir für unsere Sache zwei gute – gute! – Argumente, so ist das schon eine brauchbare Basis, keine schlechte Ausgangslage. Ein Argument – es mag noch so gut sein – ist in der Regel zuwenig und wird umgestoßen. Damit sollte man sich nicht aufs hohe Seil wagen. Bei zwei guten Argumenten hat man in der Regel eine gute Chance, seine Sache durchzubringen. Ein Teil der Zuhörer läßt sich vom einen Argument überzeugen, ein Teil vom andern und wieder andere gar von beiden – man findet eine Mehrheit. Hat man noch ein drittes oder gar viertes Argument, um so besser.

Nun mögen Überlegungen aus der Sicht des Redners noch so überzeugend sein, aus der Sicht der Zuhörer sind sie es nicht immer. Auch gegen die besten Argumente lassen sich Gegenargumente finden. Es gehört daher mit zur Vorbereitung, sich Rechenschaft zu geben, welche Einwände kommen könnten und wie sie zu entkräften sind. Die Gesetze 67 ff. befassen sich mit Einwänden.

Gesetz Nr. 48

Beispiele machen
die Sache erst lebendig.

Der gute Redner wird Vergleiche anwenden und Beispiele vorbringen; oft wird er einen Gegenstand in seiner Rede anschaulich vor Augen führen; oft wird er etwas über alles mögliche Maß hinaus übertreiben.   Cicero

Kommentar:

Ein gutes Beispiel sagt mehr als tausend Worte, und oft
vermag ein Beispiel zu überzeugen, wo bloße Worte nicht
mehr ausreichen. Gerade zum Beleben und Bekräftigen
eignen sich Beispiele ausgezeichnet. Treffend gewählt,
sind sie überzeugender als viele Worte. Gute Redner wissen um die Wirkung treffender Beispiele und reden daher
immer wieder in Bildern, um so das zu illustrieren und
plastisch zu machen, was sie auf der anderen Seite trok-
ken-theoretisch vorbringen.

Wenn der verstorbene Schweizer Bundesrat und Finanz-
minister Willi Ritschard im Zusammenhang mit den not-
leidenden Bundesfinanzen und als Ergänzung zu den
sachlichen Erklärungen sagte: »Einem privaten Schuldner
in der finanziellen Lage, in der sich die Eidgenossenschaft
heute befindet, würde ein seriöser Bankier nicht einmal
mehr einen Stuhl anbieten«, dann ist das für den Großteil
der Zuhörer sehrwahrscheinlich eindrücklicher und überzeugender als noch so viele Worte und Zahlen.

Beispiele sind vor allem auch dort eine wertvolle Hilfe,
wo man als Fachmann zu Nicht-Fachleuten spricht. Ein
Fachmann, der zu Fachleuten spricht, wird sich der entsprechenden Fachsprache bedienen und wird verstanden.
Spricht er hingegen zu Nicht-Fachleuten, wird die Sache
schwieriger. Bedient er sich der Fachsprache, wird er
nicht verstanden; und Fachbegriffe und Fachausdrücke
allgemein verständlich zu umschreiben ist nicht einfach.
Hier helfen meistens Beispiele weiter.

Als Beispiel ist fast alles geeignet. Es kann, muß aber nicht

einen direkten Bezug haben zur Sache, um die es geht.
Gut eignen sich:
- gemeinsame Erlebnisse und Erfahrungen, die man in Erinnerung rufen kann.
- Erkenntnisse aus anderen Unternehmen, Abteilungen, Verbänden
- Vergleiche mit dem Sport oder einzelnen Sportarten
- Erlebnisse aus dem Familien- und Freundeskreis
- aktuelle Ereignisse
- Zitate aus der Literatur
- Anekdoten und Witze (Vorsicht!)

Wichtig ist, daß sich das Beispiel leicht auf die tatsächliche Situation übertragen läßt und nicht zu falschen Assoziationen führt, sondern zum erwünschten Aha-Effekt.

Bezeichnend ist, daß Vorträge, die in der Erinnerung der Zuhörer als gute Vorträge weiterleben, dies zur Hauptsache den treffenden Beispielen verdanken, mit denen sie gespickt waren. Und nicht umsonst sagt man, wenn etwas besonders gut gelungen ist, es sei beispielhaft.

Gesetz Nr. 49

Sagen, was jetzt zu tun ist.

Wenn Cicero von der Tribüne stieg, rief alles Volk entzückt: »Kein Sterblicher spricht schöner!« Entstieg ihr Demosthenes, so riefen die Athener: »Krieg gegen Philipp, Krieg!« Gottfried August Bürger

Kommentar:

Warum reden wir? Reden wir, damit geredet ist; reden wir, damit die Zeit vergeht – oder reden wir, damit nachher etwas geschieht? Sicher reden wir, damit nachher etwas geschieht – in unserem Sinne etwas geschieht. Wenn wir aber wollen, daß nachher etwas geschieht, dann müssen wir den Zuhörern sagen, was geschehen soll, was sie jetzt zu tun haben. Und wir müssen es ihnen möglichst klar, deutlich und unmißverständlich sagen. Das heißt nicht, mit dem Holzhammer dreinfahren; das würde wahrscheinlich das Gegenteil bewirken. Man kann auch auf konziliante Art und Weise klar und unmißverständlich sein. Eine Rede hat ihr Ziel nur dann erreicht, wenn im Anschluß daran verwirklicht wird, was der Redner angestrebt hat.

Viele Vorträge sterben und führen zu nichts oder gar zum Falschen, weil der wichtige Punkt fünf fehlt. Der Redner wiegt sich in falscher Sicherheit. Er glaubt, seine Ausführungen seien so überzeugend gewesen, daß für jeden Zuhörer klar sei, was er nun zu tun habe. Wozu das führen kann, zeigt ein Beispiel aus »texten + schreiben« 3/83: »An einem stürmischen Winterabend im Februar 1962 hörten die Hamburger über Rundfunk und Fernsehen diese Warnung: ›Für die gesamte deutsche Nordseeküste besteht die Gefahr einer sehr schweren Sturmflut. Das Nachthochwasser wird etwa 3,5 Meter über dem mittleren Hochwasser eintreten.‹ Dieser Text enthielt die Information, die der Verfasser benötigte, um die Größe der Gefahr ermessen zu können. Wohlgemerkt der Verfasser, ein Fachmann.

Kommentar:

Die Hamburger Bürger, die auf diese Weise gewarnt wurden, traf das Verhängnis denn auch völlig überraschend. Als die Deiche brachen und die Polder volliefen, ertranken 300 Menschen, Tausende verloren ihr gesamtes Hab und Gut. Sie hatten die Warnung einfach nicht verstanden. Das wäre auch gar nicht nötig gewesen, wäre ihnen gleichzeitig nur gesagt worden, was sie hätten tun sollen!
Das geschah in Cuxhaven, einer anderen bedrohten Stadt. Dort hörten die Einwohner zusätzlich noch diese örtliche Radiodurchsage des Stadtamts: ›Für Cuxhaven besteht Deichbruchgefahr. Die Bevölkerung wird gebeten, die höheren Stockwerke aufzusuchen. Sagen Sie bitte auch Ihren Nachbarn Bescheid!‹ Ist es ein Wunder, daß in Cuxhaven keine Menschenleben zu beklagen waren, obwohl dort die Flutschäden womöglich noch größer waren?«
Wenn wir wollen, daß unserer Aufforderung Erfolg beschieden ist, müssen zwei Bedingungen erfüllt sein. Als erstes muß die Aufforderung zumutbar sein, sonst hat sie ohnehin keine Chance. Nehmen wir an, ein Redner spricht über Umweltprobleme und kommt zum Schluß: »… und deshalb gibt es nur eines: Jeder legt sein Auto unverzüglich still!« Der Mann erreicht natürlich gar nichts. Das wird keiner tun; die Aufforderung ist nicht zumutbar. Hätte er vielleicht gesagt: »Wenn jeder von uns nur einen Tag im Monat auf seinen Wagen verzichtet, so hat das die und die positive Auswirkung. Tun wir es!« dann hätte er höchstwahrscheinlich etwas erreicht. Die Aufforde-

rung wäre zumutbar gewesen, und ein Teil der Zuhörer hätte sie befolgt. Ferner muß die Aufforderung so konkret wie nur möglich sein, im Idealfall meßbar und dadurch kontrollierbar. Ein Redner spricht über Energieprobleme und kommt zum Schluß: ».. und deshalb müssen wir Energie sparen, wo immer das möglich ist!« Applaus! Und was geschieht? Nichts geschieht; es bleibt alles beim alten. Die Aufforderung war zwar vorhanden und sie wäre auch zumutbar gewesen, aber sie war zu vage, zuwenig konkret. Hätte der Mann geschlossen: ».. und deshalb müssen wir Energie sparen, wo immer das möglich ist. Und das beginnt im Alltag: Gewöhnen wir uns an, konsequent das Licht auszuschalten, wann immer wir als letzter einen Raum verlassen!« Das wäre zumutbar und das wäre konkret. Die Leute wüßten, was zu tun ist, und würden es sehr wahrscheinlich auch tun.

Bei einem reinen Fachvortrag kann die Aufforderung bedeuten, das nochmals in ein, zwei Sätzen zusammenzufassen, von dem wir wollen, daß es in den Köpfen unserer Zuhörer weiterlebt.

Gesetz Nr. 50

Keine Schlußfloskeln!

Von allen dummen Floskeln, die man tagtäglich hören kann, ist das »Thank you!« am Ende einer Rede die dümmste.   C. N. Parkinson

Kommentar:

Der Schluß einer Rede ist gleichzeitig ihr Höhepunkt.
Nach diesem Höhepunkt darf nichts mehr kommen. Was
auch immer käme, ließe das, was man rhetorisch aufgebaut hat, wieder zusammenfallen.
Wir wollen ja, daß unsere Aufforderung in den Zuhörern
weiterlebt, daß sie damit in die Diskussion, nach Hause,
zurück an den Arbeitsplatz gehen. Deshalb keine Schluß-
floskeln wie: »Ich habe geschlossen« (einem guten Vortrag merkt man an der klaren Aufforderung an, daß er zu
Ende ist), »Vielen Dank!«, »Ich danke für Ihre Aufmerksamkeit« oder was man sonst noch so zu hören bekommt.
Aber nicht nur von der Wirkung, sondern auch von der
Logik her ist es falsch, mit einem Dank zu schließen. Der
Redner hat sich die Mühe genommen, einen Vortrag vor-
zubereiten. Er hat sich auch die Mühe genommen, diesen
Vortrag zu halten. Er hat also eine Leistung erbracht.
Und für diese Leistung haben ihm die Zuhörer zu danken,
nicht er ihnen. Sie tun das mit dem Applaus, und damit
sind die Waagschalen wieder ausgeglichen.
Die Tatsache, daß man gewisse Redewendungen immer
wieder hört, macht diese nicht besser. Keine Schlußflos-
keln!

Gesetz Nr. 51

Die fünf Punkte
lassen sich in sich variieren.

Kommentar:

Unsere Rede hat Hand und Fuß, wenn wir beim Aufbau in der Reihenfolge vorgehen, wie wir sie kennengelernt haben. Es ist jedoch auch denkbar, die fünf Punkte in sich zu variieren, sei es, daß wir mit dem Beispiel als Interessewecker beginnen, sei es, daß wir die Aufforderung an den Anfang stellen. Wenn wir das tun, vielleicht sogar die Aufforderung während des Vortrags mehrmals wiederholen – am Schluß muß sie auf alle Fälle nochmals kommen. Denn sie soll ja in den Zuhörern nachwirken.

Gesetz Nr. 52

Die Antike Redegliederung hat auch heute noch Bestand.

Kommentar:

Ein Verehrer machte der auch im Alter immer noch
jugendlich wirkenden Schauspielerin Sarah Bernhardt
Komplimente über ihr gutes Aussehen. Sie nahm sie lächelnd entgegen und antwortete:»Ich weiß Ihre Liebens-
würdigkeit zu schätzen; ich weiß aber auch, daß ich ver-
gangenen Herbst Fünfundsiebzig geworden bin!« –
»Aber, gnädige Frau, Fünfundsiebzig ist doch kein Alter!«–»Für eine Kathedrale nicht, für eine Frau schon.«
Alter ist ein relativer Begriff. Das gilt für alles, auch für
geistige Werte. So gibt es Erkenntnisse, die bereits nach
kurzer Zeit überholt, also veraltet sind; und es gibt andere, die nach Jahrtausenden noch Gültigkeit haben, also
jung geblieben sind.
Das Altertum maß der Rhetorik enormen Wert bei. Sie
galt als die vornehmste Disziplin eines Studiums überhaupt, und so waren die Philosophenschulen der Antike
gleichzeitig immer auch Rednerschulen. Ja, wer nach
einem öffentlichen Amt strebte, vertraute sich ausnahmslos einem fähigen Lehrer an, der ihn in der Kunst der Rhetorik zu unterrichten hatte. Denn die Beherrschung der
Redekunst verschaffte großes Ansehen und öffnete die
Türen zu den höchsten Ämtern im Staat. Überliefert ist
die nachstehende Acht-Punkte-Formel oder Antike Redegliederung. Sie ist eine Aufbauformel, die den mensch-
lichen Verhaltensweisen und Reaktionen Rechnung trägt;
man könnte sie in weiterem Sinne als Grundlage psychologischer Menschenbehandlung überhaupt bezeich-
nen.

Antike Redegliederung
1. Gewinnen des Wohlwollens
2. Darlegen der gegenwärtigen Situation
3. Zeigen neuer Möglichkeiten und deren Vorteile
4. Begründen der Vorschläge
5. Vorwegnehmen möglicher Einwände
6. Zusammenfassen der Tatsachen
7. Anfeuern – Begeistern
8. Aufruf zur Tat

Wenn wir diese Gliederung betrachten, stellen wir fest, daß die Fünf-Punkte-Formel einen Zusammenzug aus diesen acht Punkten darstellt, und das führt natürlich zur Überlegung: Womit sollen wir arbeiten – mit der Antiken Redegliederung oder der Fünf-Punkte-Formel? Die Entscheidung hängt nicht von bestimmten Kriterien ab und ist dem Redner anheimgestellt. Mit der Fünf-Punkte-Formel kommen wir immer zurecht. Sie hat zudem den Vorteil, daß sie sich leicht einprägen läßt und dank ihrer Kürze und Übersichtlichkeit auch in Spontansituationen von Nutzen ist. Die Antike Redegliederung werden wir vielleicht eher zugrundelegen bei der Vorbereitung einer umfangreicheren Rede.

So oder so ist wichtig, daß wir die Formel, nach der wir arbeiten wollen, stets präsent haben und daß diese im Laufe der Zeit mehr wird als ein bloßes Hilfsmittel – daß sie unser Denken und unser Verhalten mitbestimmt.

Gesetz Nr. 53

Wohlwollen
kann man nicht erkaufen,
man muß es gewinnen.

Man ist nur eigentlich lebendig, wenn man sich des Wohl-
wollens anderer erfreut. Goethe

Kommentar:

Gewinnen des Wohlwollens lautet der erste Punkt der
Antiken Redegliederung. Diese Form von Interesse wek-
ken, die captatio benevolentiae, war bei den Rhetoren des
alten Rom besonders beliebt. Man vermied es, mit etwas
zu beginnen, das dem Denken oder dem Standpunkt der
Zuhörer zuwidergelaufen wäre, sondern ging von etwas
aus, dem die Leute zustimmen konnten. Man trachtete
eine gemeinsame Ausgangslage zu schaffen, eine tragfähi-
ge Basis für das, was man den Zuhörern in der Folge
schmackhaft machen wollte.
Beispielhaft ist der Beginn der Rede des Apostels Paulus
auf dem Areopag von Athen, als er den Athenern das
Christentum brachte. Er begann nicht etwa: »Was betet
Ihr immer noch Götter an – es gibt nur einen Gott!« Das
hätte die Menge todsicher gegen ihn aufgebracht, und
möglicherweise hätten sie ihn gesteinigt. Nein, Paulus
suchte eine Gemeinsamkeit, von der er ausgehen konnte:
»Ihr Männer von Athen, ich sehe an allem, daß Ihr recht
viel Scheu vor den Göttern habt. Denn als ich umherging
und eure Heiligtümer besichtigte, fand ich auch einen Al-
tar, an dem die Aufschrift stand: ›Dem unbekannten
Gott‹. Was Ihr nun, ohne es zu kennen, verehrt, das ver-
künde ich Euch ...« So vermied er es nicht nur, mit einer
der Auffassung der Zuhörer zuwiderlaufenden Aussage
zu beginnen und dadurch ihren Mißmut zu erregen, sondern er gab ihnen gleichzeitig zu verstehen, wie klug sie
bereits in der Vergangenheit gehandelt hätten und daß seine Ausführungen im Grunde genommen lediglich ihr bis-

heriges Verhalten bekräftigten. So waren sie geneigt, ihm mit Wohlwollen zuzuhören.

Ein Beispiel aus neuerer Zeit für das Gewinnen des Wohlwollens ist der Beginn der Rede, die Churchill vor dem Amerikanischen Kongreß hielt, als es darum ging, die USA zum Beitritt in den letzten Krieg zu bewegen: »Ich fühle mich durch Ihre Einladung in hohem Maße geehrt. Die Tatsache, daß meine amerikanischen Vorfahren im Leben der Vereinigten Staaten ihre Rolle gespielt haben und daß ich, ein Engländer, in Ihrer Mitte willkommen geheißen wurde, erheben diese Stunde zu einem der stärksten Erlebnisse meines Daseins. Ich wünsche sehnlichst, meine verehrte Mutter könnte mich heute in Ihrem Kreise sehen!

Bei dieser Gelegenheit muß ich daran denken, daß ich wohl selbst in Ihren Reihen stünde, wenn mein Vater ein Amerikaner und meine Mutter eine Engländerin, statt umgekehrt, gewesen wären.«

Und ein paar Jahre später, im Oktober 1945, begann Churchill vor Zehntausenden von Menschen auf der Place de la Concorde in Paris in seinem englisch gefärbten Französisch: »Prenez garde! – Je parlerai français.« (Vorsicht! – Ich spreche Französisch.) Natürlich flogen ihm die Herzen schon nach diesem ersten Satz zu, öffneten sich die Menschen ihm und dem, was er ihnen zu sagen hatte. Ist es deshalb ein Wunder, daß dieser Einstieg in Varianten seither oft kopiert wurde und immer wieder kopiert wird? Doch da kann es gefährlich werden, wie wir im nächsten Gesetz sehen.

Gesetz Nr. 54

Vorsicht vor Gemeinplätzen und Platitüden.

Kommentar:

Billige, abgedroschene Floskeln und Platitüden schaffen
kein Wohlwollen, im Gegenteil. Hüten wir uns deshalb
vor Einstiegen wie: »Es ist mir ein ganz besonderes Ver-
gnügen, heute hier in Ihrem erlauchten Kreis reden zu
dürfen ...« (Vor allem, wenn jeder im Saal weiß, wie sehr
man den Mann vergolden mußte, damit er überhaupt
kam.) »Ich danke Ihnen, daß Sie so zahlreich erschienen
sind ...« (Wem gilt dieser Dank? Wer kann in der Regel
schon etwas dafür, daß andere auch gekommen sind?)
»Ich freue mich, daß Sie den langen Weg nicht gescheut
haben ...« (War er denn für den Redner kürzer?)
Es braucht, wie so manches beim Reden, Fingerspitzengefühl, ob etwas im Sinne einer captatio benevolentiae ankommt oder nicht. Oft hängt es auch von der Person und
Stellung des Reders ab. Anläßlich der letzten Wahlkampf-
reise des damaligen Bundeskanzlers Helmut Schmidt war
zu lesen: »Schmidts Wahlkampfkundgebungen variieren.
Besonders der Einstieg ist von Ort zu Ort verschieden.
Meist beginnt er mit einem Lob für die Stadt (›Freiburg
hat viel Charme‹) oder, wie in Karlsruhe, für den wieder
in die 1. Bundesliga aufgestiegenen Fußballklub.« Es ist
anzunehmen, daß Helmut Schmidt damit das Wohlwollen seiner Zuhörer gewann. Bei irgendeinem Redner hätte
jedoch derselbe Einstieg anbiedernd wirken und ein flaues
Gefühl entstehen lassen können.
Aber auch die Situation, in der sich etwas abspielt, kann
von Bedeutung sein. Grundsätzlich hätte der folgende
Einstieg problematisch sein können: »Ich freue mich ganz

besonders, heute abend hier in Kleinstadt zu reden, denn mit Kleinstadt verbindet mich eine meiner schönsten Erinnerungen. Hier in Kleinstadt kaufte mir mein Großvater vor zweiunddreißig Jahren das erste Soft-Ice meines Lebens.« Im konkreten Fall gewann der Redner spürbar die Sympathie und das Wohlwollen der Zuhörer. Das war nicht erstaunlich, handelte es sich doch um die Wahlkampfrede eines Lokalpolitikers vor eigenem Publikum. Da kommen in der Regel auch Dinge an, die vor einem kritischen Zuhörerkreis fragwürdig sind.

Sind wir nicht sicher, ob ein Einstieg im Sinne von Gewinnen des Wohlwollens gut ist oder nicht, dann beginnen wir besser, indem wir das Interesse der Zuhörer an der Sache wecken. Dieser Weg ist sicherer; hier kann nichts schiefgehen.

Gesetz Nr. 55

Nur Sympathie schafft Sympathie.

*Alles, was man denkt, ist entweder Zuneigung oder Ab-
neigung.*   Robert Musil

Kommentar:

Sympathie und Antipathie beruhen meist auf Gegenseitigkeit. Diese Erkenntnis ist sicher wichtig beim Verhandeln mit einzelnen – was nützt sie uns aber beim Reden vor einer Gruppe? Genauso wie der einzelne spürt, ob wir ihn mögen, ob wir ihm Sympathie entgegenbringen, spüren das die Menschen in einer Gruppe. Man kann noch so freundlich lächelnd vor die Leute treten, man kann seinen Charme noch so sehr spielen lassen – wenn die Zuhörer spüren, daß alles bloß Fassade ist, daß man ihnen im Innersten nicht wohlgesinnt ist, ihnen keine Sympathie entgegenbringt, dann fließt auch keine Sympathie zurück. Und dann wird es schwierig, die Zuhörer für sich und seine Sache zu gewinnen.

Wollen wir die Sympathie unserer Zuhörer gewinnen, dann müssen wir den ersten Schritt tun. Dabei helfen uns die folgenden drei Punkte:

1. Sich von negativen Vorurteilen lösen
2. Sich auf dem Weg zur Veranstaltung positiv auf seine Zuhörer einstimmen
3. Beim Hintreten vor das Publikum sofort Blickkontakt herstellen und die Zuhörer die Sympathie spüren lassen, die man ihnen entgegenbringt.

Gesetz Nr. 56

Zielstrebigkeit ist ein Hauptgebot.

Den Gesandten aus Samos, die eine lange Rede hielten, sagten die Spartaner: »Den Anfang haben wir vergessen und das Ende nicht verstanden, weil wir den Anfang vergessen hatten.« nach Plutarch

Kommentar:

Nichts macht die Zuhörer so ungeduldig wie ein Redner, der nicht zur Sache kommt oder immer wieder abschweift. Und nichts verwässert den Gehalt eine Rede so sehr wie Redundanzen und Ausführungen, die die Sache nicht voranbringen. All das kann eigentlich nicht passieren, wenn der Redner sich diszipliniert an seine Stichwortzettel hält und konsequent zu dem und nur zu dem redet, was er vorbereitet hat. Manche erliegen aber der Versuchung, Gedanken einfließen zu lassen, die nicht Gegenstand der Vorbereitung waren, sondern ihnen spontan zufliegen und deshalb zuwenig durchdacht sind. Die Zielstrebigkeit geht verloren, die Zuhörer verlieren ihrerseits den Überlick und hinterher kann man nicht selten hören:»Der Sowieso hat gesprochen, aber ich hab' gar nicht begriffen, was er eigentlich wollte.«

Je mehr die Rede verwässert wird, je mehr die Zielstrebigkeit verlorengeht, um so mehr erlahmen bei den Zuhörern das Interesse und die Bereitschaft zur Gefolgschaft.

Mark Twain erzählt, wie er einmal in eine Versammlung geriet, bei der einer für irgendeinen guten Zweck redete. Nach einer Viertelstunde war Mark Twain bereit, den letzten Cent zu spenden, den er bei sich hatte. Der Redner verpaßte diesen guten Moment und sprach weiter. Nach einer halben Stunde fand Twain, die Hälfte täte es eigentlich ebenfalls. Aber auch diese Chance vertat der Redner. Eifrig redete er weiter, und nach drei Viertelstunden dachte Mark Twain für sich:»Wenn jeder Anwesende einen Dollar spendet, kommt eine ganze Menge zusammen.« Und als der Redner nach einer Stunde endlich zum Schluß kam, überlegte sich Mark Twain, ob er von dem Mann etwas verlangen wolle, weil er ihn eine Stunde aufgehalten habe.

Nur wer zielstrebig redet, kann überzeugen und für seine Sache gewinnen. Das wußte schon Luther, als er sagte: »Tritt fest auf, mach's Maul auf, hör bald auf!«

5.
Psychologisch richtig formulieren

Gesetz Nr. 57

Redesätze sind kurze Sätze.

Man muß einfach reden, aber kompliziert denken – nicht umgekehrt. Franz Josef Strauß

Kommentar:

Wenn wir wollen, daß die Zuhörer unseren Ausführungen bis zuletzt folgen, müssen wir es ihnen so leicht wie möglich machen. Das bedeutet unter anderem: in kurzen Sätzen reden. Möglichst in Hauptsätzen, wenig Nebensätze, Schachtelsätze ganz vermeiden. Beim Lesen ist es weiter nicht schlimm. Hat man einen Satz nicht auf Anhieb verstanden, dann liest man ihn eben noch einmal und, wenn nötig, noch einmal. Beim Reden kann man nicht zurückblättern. Was vorbei ist, ist vorbei. Haben die Zuhörer etwas nicht verstanden, weil sich der Redner kompliziert ausdrückte, dann erleiden sie einen Informationsverlust; und wenn diese sich häufen, dann schalten sie ab. Oder noch schlimmer: Sie erkundigen sich bei ihrem Nachbarn, und das ist oft der Anfang einer um sich greifenden Unruhe im Saal. Darum: Hauptsätze, Hauptsätze, Hauptsätze!

Tucholsky sagt dazu ironisch: »Sprich wie du schreibst. Und ich weiß, wie du schreibst. Sprich mit langen, langen Sätzen – solchen, bei denen du, der du dich zu Hause, wo du ja die Ruhe, deren du so sehr benötigst, deiner Kinder ungeachtet, hast, vorbereitest, genau weißt, wie das Ende ist, die Nebensätze schön ineinandergeschachtelt, so daß der Hörer, ungeduldig auf seinem Sitz hin und her träumend, sich in einem Kolleg wähnend, in dem er früher so gern geschlummert hat, auf das Ende solcher Periode wartet … nun, ich habe dir eben ein Beispiel gegeben. So mußt du sprechen.«

Gesetz Nr. 58

Jedem Gedanken ein eigener Satz.

Jedes überflüssige Wort wirkt seinem Zweck gerade entgegen.   Schopenhauer

Kommentar:

Es gibt Redner, die eine durchaus gute Sache vertreten und dennoch nicht überzeugen, weil sie ihre Gedanken nicht ordnen und klar und deutlich ausdrücken können. Sie beginnen Sätze, ohne sie zu Ende zu führen, springen von einem Gedanken zum nächsten, wirken unkonzentriert und sind es auch. Sie sind oft im eigentlichen Sinn des Wortes zerstreut. Ihre Gedanken streuen in zu viele Richtungen. Konzentration hingegen bedeutet das Sammeln der Gedanken auf einen Punkt.
Reden ist laut gewordenes Denken. Es bedeutet bereits eine große Hilfe, wenn man sich angewöhnt, jeden Gedanken, den man ausspricht, klar und einfach zu formulieren und jedes überflüssige Wort zu vermeiden.
Als Richtschnur merke man sich außerdem: Jedem Gedanken ein eigener Satz! Das heißt nicht, daß man auf einen Gedanken nicht mehrere Sätze verwenden darf. Natürlich darf man das. Es gibt ja ganze Vorträge, denen nur ein Gedanke zugrundeliegt. Aber nie das Umgekehrte machen: mehrere Gedanken in einen Satz einbauen. Das führt unweigerlich zu Zerfahrenheit.
Es gibt Redner, denen kann man förmlich zusehen: Sie beginnen einen Gedanken zu entwickeln und schon fliegt ihnen ein neuer zu, den sie flugs auch noch in den Satz miteinbauen. Doch beileibe nicht ganz. Denn ein dritter Gedanke begehrt bereits Einlaß, und natürlich wird auch der noch hineingewurstelt – alles in denselben Satz. Als Folge davon verliert sich der Redner auf einem Nebenge-

Kommentar:

---

leise oder gerät in eine Sackgasse. So kann man nicht für
seine Überlegungen gewinnen.

Es ist lediglich eine Frage der Selbstdisziplin, ausschließ-
lich zu dem Stichwort zu reden, das an der Reihe ist. Aus-
schließlich zu dem und zu nichts anderem. Stichwort für
Stichwort; Gedanke für Gedanke.

Gesetz Nr. 59

Rhetorische Fragen
sind die Würze des Vortrags.

Der vollkommene Redner wird durch rhetorische Fragen seinem Standpunkt Nachdruck verleihen. Cicero

Kommentar:

Fragen sind das Salz in der Suppe, sind die Würze des
Vortrags. Sie sind das stärkste formale Mittel, das wir als
Redner zur Verfügung haben. Sie sind das Mittel, um die
Aufmerksamkeit der Zuhörer zu gewinnen, um sie erneut
zu gewinnen, um die Zuhörer zum Mitdenken anzuregen. Dabei geht es nicht um Fragen, die man ans Publikum richtet und sich beantworten läßt; es geht vielmehr
um rhetorische Fragen: Man stellt eine Frage, läßt sie von
einer kurzen Pause folgen, die den Zuhörern Gelegenheit
gibt, in Richtung der Frage weiterzudenken, fährt dann
aber selbst fort, weil sich – bei der reinen rhetorischen
Frage – diese auch selbst beantwortet hat, oder indem
man ergänzende Ausführungen macht.
Durch rhetorische Fragen erleichtern wir es den Zuhörern, mit unseren Überlegungen einigzugehen. Es fällt ihnen leichter, unsere Meinung zu der ihren zu machen. Es
ist ein Irrtum zu glauben, je kräftiger eine Aussage formuliert sei, womöglich noch mit Suggestivformulierungen,
um so eher würden die Zuhörer zustimmen. Nein! Gute,
wohlüberlegte rhetorische Fragen erzielen viel mehr Wirkung. Es ist immer besser, wenn wir den Zuhörern die
Möglichkeit geben, unsere Meinung gewissermaßen aus
eigenem Antrieb, durch eigenes Überlegen zur ihren zu
machen, als wenn wir versuchen, sie ihnen einzuhäm-
mern. Und das erreichen wir mit rhetorischen Fragen
weit eher als mit noch so harten Aussagen. Welcher Formulierung folgt man williger: »Jeder von uns hat die Verpflichtung, an seinem Platz selbst nach dem Rechten

183

zu sehen!« Oder: »Hat nicht jeder von uns die Verpflichtung, an seinem Platz selbst nach dem Rechten zu sehen?« Betrachten wir dazu noch ein Beispiel aus der bereits erwähnten Diplomarbeit: »Verteidigungsminister Wörner erwies sich als Meister in der Handhabung rhetorischer Fragen, als er über die Notwendigkeit einer gesunden Wirtschaft und gesunder Betriebe sprach: ›Wer steht denn auf der Straße, wenn ein Betrieb in die roten Zahlen marschiert? – Wer wird als erster entlassen? – Wovon soll denn ein Betrieb sichere Löhne zahlen, wenn nicht vom Gewinn? – Wie soll er die Arbeitsplätze sicherhalten, wenn er keine Gewinne erzielt? – Wovon soll er die Maschinen kaufen, wenn nicht vom Gewinn?‹«
Rhetorische Fragen sollen Dramatik in die Rede bringen, sollen aufrütteln. Das tun sie nur dann, wenn sie unvermittelt gestellt werden. Also nicht: »Da stellt sich die Frage: ›Was müssen wir tun?‹« Und auch nicht: »»Was müssen wir tun?‹ stellt sich da die Frage.« Nein, einfach: »Was müssen wir tun?« Lediglich den Kerngedanken als Frage formuliert bringen, ohne jede Einleitung und ohne Nachsatz. Nur so erzielt die rhetorische Frage ihre volle Wirkung.

Gesetz Nr. 60

Durch die Wir-Form eine innere Verbundenheit mit den Zuhörern schaffen.

Die Kunst ist: belehren ohne belehrend zu wirken.
Alfred Mohler

Kommentar:

Wir haben bereits davon gesprochen, alles Trennende zwischen dem Publikum und uns zu vermeiden, also auf Tische und Rednerpulte wo immer möglich zu verzichten. Wir wollen mit unseren Zuhörern eine Einheit bilden. Wir wollen aber nicht nur eine äußere Einheit bilden, sondern auch eine innere – eine psychologische Einheit. Das Mittel dazu ist die Wir-Form.
Was heißt Wir-Form? Es bedeutet, daß wir nicht in der trennenden »Sie und ich«-Form reden, sondern in der verbindenden »Wir«-Form, daß wir die Zuhörer in unsere Überlegung miteinbeziehen, eine innere Verbundenheit herstellen. Statt vom hohen Katheder herunter: »Ich will Ihnen die Zusammenhänge erklären«, besser, verbindend: »Betrachten wir die Zusammenhänge.«
Wenn wir reden, müssen wir belehren. Reden heißt immer in der einen oder anderen Form auch belehren. Die Zuhörer sind ja in unseren Vortrag gekommen, um Neues zu erfahren, um etwas zu lernen. Trotz dieser Bereitschaft sträuben sie sich unbewußt gegen alle belehrenden Redewendungen. Und die Kunst ist eben: belehren ohne belehrend zu wirken. Hier hilft uns die Wir-Form.
Sagt ein Redner zu seinen Zuhörern: »Sie alle machen immer wieder Fehler«, so wird er wohl kaum Zustimmung finden. Sagt er statt dessen: »Wir alle machen immer wieder Fehler«, wird man seine Meinung schon eher teilen. Kleidet er den Satz nun noch in eine Frage: »Machen wir nicht alle immer wieder Fehler?« dann schwinden vielleicht die letzten Vorbehalte. Vom Inhalt her hat der Red-

ner zwar dreimal dasselbe gesagt, doch die Form wechselte jedesmal. Die dritte Formulierung machte es den Zuhörern sicher leichter zuzustimmen als die erste. Und um nichts anderes geht es ja beim Reden: daß uns die Zuhörer zustimmen. Das verlangt aber, daß wir Formulierungen wählen, die es ihnen leichtmachen.

An einer Verbandstagung wetterte ein Redner: »Wenn Sie heute nicht bereit sind, dem Vortrag zuzustimmen, werden künftige Generationen Ihnen mit Recht vorwerfen, daß Sie die Zeichen der Zeit nicht erkannt haben. Sie können es sich einfach nicht leisten, heute hier einen falschen Entscheid zu fällen, einen Entscheid ...« Der Widerstand der Zuhörer war fast körperlich zu spüren; die Fronten verhärteten sich. Im Verlauf der Debatte meldete sich eine Frau zu Wort, die das Heu zwar auf derselben Bühne hatte wie der zitierte Vorredner. Sie sagte in groben Zügen auch dasselbe; sie sagte es bloß besser: »Wenn wir heute nicht bereit sind, dem Antrag zuzustimmen, werden künftige Generationen uns mit Recht vorwerfen, wir hätten die Zeichen der Zeit nicht gesehen. Können wir uns das leisten? Können wir es uns leisten, heute hier einen falschen Entscheid zu fällen, einen Entscheid ...« Sie sagte nicht einfach den andern, was sie zu tun hätten; sie schloß sich mit ein, auch in mögliche Fehlentscheide. Sie benützte die psychologischen Möglichkeiten der Wir-Form und der rhetorischen Fragen. Ist es ein Wunder, daß sie die Stimmung zum Umschwung brachte? Man kann vieles sagen, wenn man es richtig verpackt.

Kommentar:

Greifen wir nochmals auf Hannes Hintermüller und seine Wahlkampf-Diplomarbeit zurück:»Das Ziel jedes demokratischen Politikers ist es – wie man so schön sagt –, dem Volk nahe zu sein. Vor Wahlen ganz besonders ... Wie erreichen wir als Redner ›Volksnähe, Volksverbundenheit‹?

Die folgenden Beispiele zeigen, was mit der Wir-Form erreicht beziehungsweise durch das Negieren der Wir-Form angerichtet werden kann:

Bundesminister Hans Engelhardt: ›Täuschen wir uns nicht, daß natürlich mancher von uns auf diesen Leim kriechen wird, vor allem dann ...‹ An diesem Satz fällt eigentlich wenig bis gar nichts auf. Aber schauen wir ihn uns an, wenn er *nicht* in der Wir-Form steht: ›Täuschen Sie sich nicht, daß natürlich mancher von Ihnen auf diesen Leim kriechen wird ...‹ Ist das nicht ein frappanter Unterschied?

Oder Bundesminister Wörner, der vorhin so blendend in Fragen sprach, in bezug auf die Bedeutung der Wahl vom 6. März: ›Wenn Sie sich einmal die Tragweite dieser Entscheidung klarmachen, wenn Sie sich klarmachen, was da auf dem Spiel steht, dann werden Sie wahrscheinlich begreifen, warum ich Ihnen am Anfang sagte, diese Wahl könne man nur mit der Wahl von '49 vergleichen. Ihre Zukunft, Ihr Friede und Ihre Freiheit – das ist der Einsatz, um den es am 6. März geht.‹ Hier kann man beim besten Willen nicht von ›Volksnähe‹ sprechen. Dabei hätte so wenig gefehlt! Bringen wir bloß alle ›Sie‹, ›Ihnen‹ und

189

›ich‹ in die Wir-Form, und schon sieht die Sache ganz anders aus.«
Hin und wieder kann man Redner erleben, die konsequent in der Wir-Form sprechen, bis sie zum Schluß, zur Aufforderung kommen. Jetzt plötzlich kippen sie, und es tönt: »Also tun Sie, machen Sie …« Dadurch geht natürlich die ganze Wirkung wieder verloren. Gerade bei der Aufforderung ist es wichtig, sich selbst einzuschließen: »Also tun wir, machen wir …« Wenn wir wollen, daß die Zuhörer unserer Fahne folgen, dann müssen wir das verbindende Wir-Gefühl hinkriegen. Sehr gut gelang das sowohl dem jetzigen als auch dem früheren Bundeskanzler bei Neujahrsansprachen. So lautete der letzte Satz der Ansprache von Bundeskanzler Schmidt am 1. Januar 1982: »In diesem Sinne wünsche ich uns allen ein gutes neues Jahr.« Ein schlechter Redner hätte formuliert: »… wünsche ich Ihnen allen …« Er hätte von der Höhe seines Kanzleramtes gewissermaßen seinen Segen erteilt. Schmidt wußte natürlich, daß diese Ansprache eine glänzende Gelegenheit war, das Wir-Gefühl zu festigen, Zusammengehörigkeit zu dokumentieren. Und er nahm die Gelegenheit wahr. Genauso Bundeskanzler Kohl im letzten Satz seiner Neujahrsansprache am 1. Januar 1983: »Ich wünsche uns allen ein gutes, ein friedvolles neues Jahr 1983«, und ein Jahr später, am 1. Januar 1984: »Ich wünsche uns allen, liebe Mitbürgerinnen und Mitbürger, Gottes Segen und ein friedvolles Jahr 1984.«

Gesetz Nr. 61

Vorsicht
vor unechten Wir-Formen!

Falsch Geld und Wort
Verändern Sinn und Ort

Goethe

Kommentar:

Nur eine echte Wir-Form ist sinnvoll. Was ist eine unechte? Als typisches Beispiel mag der Chef gelten, der zum Mitarbeiter sagt:»Unglaublich, wieviel Arbeit sich in der letzten Zeit wieder angehäuft hat! Mir scheint, da sollten wir mal eine Sonderanstrengung machen. Wie wär's, wenn wir das kommende Wochenende dazu benützten, aufzuarbeiten und sauberen Tisch zu machen?« Was im Klartext heißt, daß der Mitarbeiter sein Wochenende drangeben soll, während der Chef zum Skilaufen fährt oder sonst etwas Angenehmes macht. Eine solche Wir-Form ist ein Unsinn und bewirkt weit eher Widerstand, als daß sie gewinnt. Gemeint ist auch nicht die auf unangenehme Art anbiedernde Wir-Form, die man da und dort in einer Gaststätte zu hören bekommt:»Möchten wir gerne noch ein Glas Wein? – Haben wir noch Lust auf einen Nachtisch? – So, hat's uns geschmeckt?«
Wir-Form in unserem Sinn soll eine Gemeinsamkeit, eine Einheit im Denken und Handeln begründen. Sie soll die Zuhörer einbeziehen in die Überlegungen des Redners, soll diesen in die Reihen der Zuhörer tragen.

Gesetz Nr. 62

Es gibt Ausnahmen
von der Wir-Form.

Keine Regel ohne Ausnahme. Sprichwort

Kommentar:

Es gibt vor allem zwei Ausnahmen, wo die Wir-Form
nicht am Platz ist. Einmal dann, wenn wir ein eigenes Er-
lebnis wiedergeben: »Vor zwei Wochen begegnete
mir ...« Da wäre es natürlich falsch zu sagen: »... begegnete uns ...«, denn dem Redner und nur dem Redner begegnete.
Die zweite Ausnahme bietet sich an, wenn wir den Zuhörern etwas Unangenehmes unterstellen müssen: »Sie werden sehr wahrscheinlich nicht wissen, daß ...« Das wird
durch die Wir-Form kaum besser: »Wir werden sehrwahrscheinlich nicht wissen, daß ...« Das muß man ent-
persönlichen, gewissermaßen aus dem Raum nehmen:
»Da und dort (mit einer entsprechenden Geste nach drau-
ßen) ist nicht bekannt, daß ...« Jetzt haben wir den Zuhörern nichts unterstellt, sie brauchen sich nicht betroffen
zu fühlen, sondern können sich durchaus entspannt mit
der Sache auseinandersetzen.

Gesetz Nr. 63

Stetes Tropfen höhlt den Stein.

Kommentar:

Auch Wiederholen ist ein rhetorisches Mittel, ein sehr wirkungsvolles Mittel. Napoleon I. sagt in seinen Maximen sogar: »Die Wiederholung ist die wirkungsvollste aller rhetorischen Möglichkeiten.« Wiederholen kann sich auf Wörter oder Zahlen, Satzteile oder ganze Sätze beziehen. Es kann richtig sein, etwas noch einmal und noch einmal zu sagen, mit denselben oder mit anderen Worten. Es liegt aber auch eine Gefahr im Wiederholen, wie wir im nächsten Gesetz sehen.

Gesetz Nr. 64

Das Mittel der Wiederholung nicht zu Tode reiten!

Weniger wäre mehr. Lessing

Kommentar:

Wiederholen kann die Meinung der Zuhörer im Sinne des Redners festigen. Es kann – es muß nicht! Vor allem ist es auch nicht so einfach, wie Hitler es formulierte:»Propaganda ist die Kunst der ewigen Wiederholung.« Wiederholen braucht Fingerspitzengefühl. Es kann gut, es kann notwendig sein; es kann aber auch zu Langeweile führen oder die Stimmung gar zum Umschwingen bringen.

Das Mittel der Wiederholung lieber weniger oft einsetzen, dafür da, wo es wirklich wichtig ist, mehrfach und allenfalls gesteigert:»Kennen wir die Gründe, die zur heutigen Situation geführt haben? Kennen wir alle Gründe? Meine Damen und Herren, kennen wir wirklich, kennen wir tatsächlich alle Gründe, die dafür verantwortlich sind, daß ...?« Die dreifache, gesteigerte (die Gründe; alle Gründe; wirklich, tatsächlich alle Gründe) Wiederholung läßt annehmen, daß dieser Punkt jetzt ins Bewußtsein der Zuhörer eingedrungen ist.

Oder Zahlen! Entweder sind Zahlen nicht wichtig, dann läßt man sie besser weg, oder sie sind wichtig, dann muß man sie durch Wiederholung untermauern, zum Beispiel:»Das trifft zu auf 68 Prozent unserer Bevölkerung. 68 Prozent! Also mehr als zwei Drittel unserer Bevölkerung ...« Die Zahl wurde zweimal gebracht und außerdem noch in einen anderen Bezug gesetzt. Jetzt haben wir einigermaßen Gewähr, daß sie tatsächlich aufgenommen wurde.

Das Mittel der Wiederholung konzentriert, aber dosiert einsetzen!

199

Gesetz Nr. 65

Vorbehalte können die Glaubwürdigkeit des Redners erhöhen, können sie aber auch herabmindern.

Wie der Mann, so die Rede.   Plato

Kommentar:

Vorbehalte wie »ich glaube ...«, »mir scheint ...«, »eigentlich«, »vielleicht« und andere mehr sind ein zweischneidiges Schwert.
Untersuchungen zeigen, daß Vorbehalte gut ankommen und die Glaubwürdigkeit des Redners erhöhen in der rein wissenschaftlichen Situationen: wissenschaftliches Thema und wissenschaftlicher Zuhörerkreis – daß aber dasselbe Reden mit Vorbehalten in der nicht wissenschaftlichen Situation, also im Normalfall, die Glaubwürdigkeit des Redners herabmindert. Die Zuhörer werden verunsichert: »Was heißt ›eigentlich‹? – Wieso ›vielleicht‹?« und beginnen die Kompetenz des Redners in Frage zu stellen. Verdeutlichen wir es an einem einfachen Beispiel. Sagt ein Redner: »Ich glaube, das ist rot«, so ist das eindeutig die subjektive Meinung des Redners. Er glaubt, das sei rot; daneben sind auch andere Auffassungen möglich. Sagt der Redner hingegen ohne Vorbehalt: »Das ist rot«, so stellt er eine objektive Tatsache fest, die nicht in Zweifel zu ziehen ist.
Deshalb keine vagen Formulierungen, keine Vorbehalte!

201

Gesetz Nr. 66

Vorsicht vor Suggestiv-Formulierungen!

Schwerer noch, als nach seiner Überzeugung zu leben, ist es, sie anderen nicht aufzuzwingen. Marcel Proust

Kommentar:

Im Zusammenhang mit den rhetorischen Fragen haben wir bereits darauf hingewiesen, daß es falsch sei zu glauben, je kräftiger eine Aussage formuliert sei, um so eher würden die Zuhörer zustimmen. Affirmativ- und Suggestiv-Formulierungen sind fast immer ein Bumerang: sie erreichen das Gegenteil von dem, was sie bezweckten. Formulierungen wie »Sicher sind Sie auch der Meinung, daß ...«, »Sie werden mir sicher zustimmen, wenn ich sage ...«, »ich bin überzeugt, daß ...« erhöhen nicht die Glaubwürdigkeit des Redners, machen die Sache für die Zuhörer nicht sicherer, sondern eher suspekt. Sie lassen Zweifel aufkommen. Was hört eine Frau wohl lieber, wenn ihr Mann zu ihr sagt:»Sicher liebe ich dich«, »ich bin überzeugt, daß ich dich liebe«, »du kannst überzeugt sein, daß ich dich liebe«, oder ganz einfach, dafür glaubhaft und überzeugend: »Ich liebe dich.«
Der Begründer der wissenschaftlichen Meteorologie, der Physiker Heinrich Wilhelm Dove, sagte einmal in einem Vortrag:»Wenn wir Professoren über einen Vorgang unsicher und schwankend sind, beginnen wir den Satz mit ›bekanntlich‹.«

6.
Wie man seinen Standpunkt in der Diskussion sachlich behauptet

Gesetz Nr. 67

Mit Einwänden
muß man immer rechnen.

Alles auf der Welt hat sein zweites Gesicht: die Natur, die Kultur, die Religion, die Kunst, die Politik, die Liebe, alles, alles. Hermann Löns

Kommentar:

Wir können unsere Vorschläge mit noch so überzeugenden Argumenten untermauern – es werden dennoch Einwände kommen. Sie können rational oder emotional sein und entspringen den unterschiedlichsten Motiven. Die häufigsten Einwand-Ursachen sind:

- begründete Einwände
- vorgefaßte Meinungen der Zuhörer
- Vorredner mit gegenteiligem Standpunkt hat die Zuhörer bereits für sich und seine Meinung gewonnen
- Redner hat zuviel Wissen vorausgesetzt
- Redner hat sich nicht klar genug ausgedrückt
- Begründung war zuwenig stichhaltig
- Geltungsbedürfnis, Aggressivität einzelner Zuhörer
- Redner aggressiv/arrogant/langweilig
- Unkenntnis des Publikums, mangelndes Einfühlungsvermögen des Redners
- Zuhörer bewußt unsachlich, um Redner zu Fall zu bringen

Gesetz Nr. 68

Auf Einwände
muß man vorbereitet sein.

Der Weise ist auf alle Ereignisse vorbereitet.

Molière

Kommentar:

Weil Einwände zur Tagesordnung gehören, dürfen wir uns von ihnen nicht überraschen lassen, müssen wir auf sie vorbereitet sein. Es sind zwar nicht alle Einwände voraussehbar; die meisten sind es. Aus unserer Kenntnis des Themas, der Situation und des Zuhörerkreises können wir in der Regel abschätzen, was für Einwände kommen werden. Wir listen sie auf und setzen uns als Bestandteil der Vorbereitung minutiös mit ihnen auseinander. Am besten beginnen wir mit einer Schwachstellen-Analyse der eigenen Argumentation. Für jeden denkbaren Einwand sollten wir mindestens eine stichhaltige Entgegnung präsent haben.

Gesetz Nr. 69

Einwände im Vortrag selbst
oder in der anschließenden
Diskussion entkräften.

Wer überwindet, der gewinnt.   Goethe

Kommentar:

Im Zusammenhang mit der Vorbereitung auf mögliche Einwände stellt sich die Frage, ob es taktisch klug ist, Einwände, mit denen man rechnen muß, im Vortrag bereits vorwegzunehmen, also selbst auf sie zu sprechen zu kommen und sie zu entkräften, oder ob man sie zunächst besser ausklammert und abwartet, ob sie in der anschließenden Diskussion vorgebracht werden oder nicht. Diese Frage kann man nicht generell beantworten; wir müssen sie von Fall zu Fall entscheiden. Die folgenden Gesetze helfen uns dabei.

Gesetz Nr. 70

Ist keine Diskussion vorgesehen,
muß man sich im Vortrag selbst
mit möglichen Einwänden
auseinandersetzen.

*Eine Diskussion ist unmöglich mit jemandem, der vorgibt,
die Wahrheit nicht zu suchen, sondern schon zu besitzen.*
Romain Rolland

Kommentar:

Die Diskussion soll unter anderem dazu beitragen, Einwände, die während des Vortrags wach wurden oder vorher schon bestanden hatten, zu entkräften. In der Diskussion sollen Unklarheiten bereinigt, sollen strittige Punkte geklärt werden.
Fällt diese Möglichkeit dahin, weil keine Diskussion stattfindet, dann müssen wir Einwände, die unsere Sache gefährden könnten, unbedingt vorwegnehmen, das heißt im Vortrag darauf zu reden kommen und zeigen, daß sie unbegründet sind. Tun wir das nicht, so gehen die Zuhörer mit unwiderlegten Einwänden nach Hause oder an den Stammtisch oder an die Arbeitsplätze, unterhalten sich über unseren Vortrag und bringen jetzt ihre Bedenken und Einwände vor. Wir sind nicht mehr dabei, können keinen Einfluß nehmen, und leicht bilden und festigen sich falsche Meinungen. Um das zu vermeiden, müssen wir im Vortrag selbst auf voraussehbare mögliche Einwände zu sprechen kommen und sie entkräften.
Eine analoge Situation haben wir bei Radio- und Fernsehvorträgen ohne anschließende Diskussion im Studio.

Gesetz Nr. 71

Einwände,
die sich frühzeitig regen könnten,
vorwegnehmen.

Angriff ist die beste Verteidigung. Sprichwort

Kommentar:

Weiß man von der Anlage seines Vortrags her, daß sich schon bald Einwände regen werden, dann hat es keinen Sinn, diese anwachsen und sich verstärken zu lassen. Es fehlt dann bloß noch, daß der eine oder andere Zuhörer zu seinem Nachbarn sagt: »Das geht ja gar nicht, weil ...« Seine Meinung greift um sich, und schon beginnt sich eine Wand aufzubauen, die man in der Diskussion unter Umständen nur sehr schwer wieder abbauen kann. Da muß man vorbeugen, indem man möglichst rasch selbst auf kritische Punkte zu sprechen kommt.

Gesetz Nr. 72

Notorischen Opponenten
den Wind aus den Segeln nehmen.

Auch mit einer Umarmung kann man einen Gegner be-
wegungsunfähig machen.   Amintore Fanfani

Kommentar:

Wenn man den Zuhörerkreis oder den Keis der Sitzungs-
teilnehmer kennt, weiß man in der Regel auch Bescheid
über notorische Querulanten und Opponenten – Leute,
die immer und grundsätzlich zuerst einmal dagegen sind,
egal worum es geht. Ganz schlimm sind sie dann, wenn
sie ein Steckenpferd reiten und immer mit demselben alten Hut kommen. Da muß man versuchen vorzubeugen,
um nicht hinterher in unfruchtbare Diskussionen ver-
strickt zu werden.

Konstruieren wir ein Beispiel: Herr Glaser sieht in jeder
Neuerung eine Bedrohung des Gewerbes und reagiert auf
alle Vorschläge, ganz gleich worum es sich handelt: »Das
ist doch eindeutig gegen das Gewerbe gerichtet, denn ...«
Da muß man versuchen, Wind aus den Segeln zu nehmen,
allerdings nicht so: »Wie ich Herrn Glaser kenne, wird er
nun wieder sagen, mein Vorschlag sei gegen das Gewerbe
gerichtet. Da befindet sich Herr Glaser allerdings auf dem
Holzweg, denn ...« Dieser Angriff würde sich höchstwahrscheinlich als Bumerang erweisen.

Besser würde man den Punkt völlig neutral behandeln
und dabei nicht einmal in Richtung von Herrn Glaser
blicken: »Der eine oder andere könnte vielleicht der
Meinung sein, bei Annahme meines Vorschlags müßten
bestimmte Gruppen, zum Beispiel das Gewerbe, Nachteile in Kauf nehmen.« Hier könnte man Herrn Glaser
noch ein Zuckerchen geben, indem man weiterfährt:
»Auch ich war zunächst dieser Ansicht. Je mehr und je
eingehender ich allerdings das Für und das Wider prüfte,

217

Kommentar:

um so mehr gelangte ich zur begründeten Erkenntnis, daß
sich mein Vorschlag ohne nachteilige Konsequenzen ver-
wirklichen läßt, weil ...«
So haben wir vorgebeugt, Wind aus den Segeln genommen. Wir haben zwar keine Gewißheit, daß Herr Glaser
sein altes Lied nicht doch anstimmt, aber wir haben vor-
gekehrt, was möglich war. Sollte er sich dennoch melden,
so können wir darauf hinweisen, daß wir auf diesen Punkt
ausführlich eingegangen sind, oder wenn wir Glück haben, tut das gar einer der übrigen Zuhörer oder Sitzungs-
teilnehmer.

Gesetz Nr. 73

Ein Anliegen kann trotz Schwachstellen vertretungswürdig sein.

*Die Schwachen, die mit ihrer Schwäche umzugehen ver-
stehen, sind stark*   Maurice Couve de Murville

Kommentar:

Daß eine Sache die eine oder andere Schwachstelle aufweist, heißt nicht, daß sie deswegen nicht vertretenswürdig ist. Wird das Minus auf der einen durch Plus auf der
anderen Seite aufgewogen oder gar überwogen, so ist die
Sache in ihrer Gesamtheit durchaus vertretenswürdig.
Die Frage ist bloß, wie wir uns bei Schwachstellen verhalten. Wir gehen dieser Frage in den folgenden Gesetzen
nach.

Gesetz Nr. 74

Zu Schwachstellen stehen!

Eine gute Schwäche ist besser als eine schlechte Stärke.
Charles Aznavour

Kommentar:

Wie verhalten wir uns, wenn das, was wir vertreten, auch negative Aspekte aufweist? Da gibt es verschiedene Verhaltensweisen. Die beste ist: dazu stehen. Stellen wir uns vor, ein Unternehmen verlegt seinen Standort vom Stadtinnern nach außerhalb. Der Firmenchef lädt die Mitarbeiter zu einer orientierenden Versammlung ein und spricht dort davon, wie schön es am neuen Standort sein wird: Ruhe, keine Abgase, Blick ins Grüne – fast wie im Urlaub. Er sagt nur nichts davon, daß die meisten Mitarbeiter einen wesentlich längeren Arbeitsweg haben werden als bisher. Das so zu machen wäre dumm, denn die Schwachstelle ist offensichtlich, und es ist klar, daß die Mitarbeiter hinterher über nichts anderes reden würden. Das muß der Firmenchef tun, und zwar möglichst bald und ohne Beschönigung: »Für die meisten von uns bringt der neue Standort einen Nachteil mit sich: einen wesentlich längeren Arbeitsweg.« Jetzt kann er davon reden, warum dieser Nachteil in Kauf genommen werden kann, soll, muß. Jetzt kann er zeigen, daß die Vorteile des neuen Standorts für das Unternehmen und somit auch für die Mitarbeiter den Nachteil des längeren Arbeitsweges überwiegen.
Zu Schwachstellen stehen ist fast immer die beste Verhaltensweise.

Gesetz Nr. 75

Zu Schwachstellen stehen
kann unter Umständen
gefährlich sein.

Alles, was man sagt, soll wahr sein; aber nicht alles, was
wahr ist, soll man sagen. Alfred Mohler

Kommentar:

Warum hieß es im letzten Kommentar: Zu Schwachstellen stehen ist – fast immer – die beste Verhaltensweise? Warum diese Einschränkung? Warum ist sie es nicht immer?
Zu Schwachstellen stehen ist nur bei einem wohlgesinnten oder zumindest neutralen Publikum ratsam. Bei einem böswillig gestimmten Publikum – es braucht nicht in seiner Gesamtheit böswillig zu sein, sondern es kann sich dabei um einen zahlenmäßig kleinen Kreis handeln, der jedoch Wirkung zu erzielen vermag – ist es gefährlich, zu Schwachstellen zu stehen.
Aus einer lauteren Grundhaltung heraus und im Bestreben nach Objektivität sagt ein Redner: »Ich gebe zu, dieses Problem ist noch nicht gelöst. Es ist aber weiter nicht schlimm, weil ...«, und jetzt zeigt er, daß es tatsächlich nicht schlimm ist. In der Diskussion greift einer diesen Punkt auf: »Sie selbst haben ja gesagt, das Problem sei nicht gelöst!« – »Ich habe aber auch gesagt ...« – »Keine Ausflüchte!« fällt ihm der andere ins Wort. »Sie haben wörtlich gesagt: ›Dieses Problem ist noch nicht gelöst‹; wir lassen uns von Ihnen nicht Sand in die Augen streuen.«
Der Redner wird aufgehängt an einem Teil seiner Aussage. Er hatte tatsächlich gesagt: »Dieses Problem ist noch nicht gelöst.« Der zweite Teil der Aussage, der den ersten relativieren würde, wird unterdrückt.
Bei der bereits erwähnten Debatte im Deutschen Bundestag zum Nato-Doppelbeschluß zitierte einer der Redner

225

Alexander Haig. Selbst der habe gesagt: »Der Nachrüstungsbeschluß ist falsch.« Im Verlauf der Debatte stellte
ein anderer Redner richtig, wenn man Haig schon zitiere,
müsse man ihn richtig zitieren, denn er habe gesagt: »Der
Nachrüstungsbeschluß ist falsch – er hätte schon viel früher gefaßt werden müssen.« Welcher der beiden Redner
hat recht?
Vorsicht vor rhetorischen Zugeständnissen bei nicht
wohlmeinenden Zuhörern!

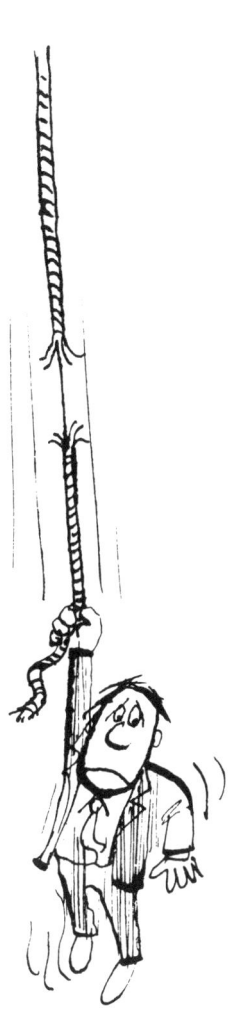

Gesetz Nr. 76

Schwachstellen
kann man umgehen.

Die Vorsicht ist der bessere Teil der Tapferkeit.

Franklin D. Roosevelt

Kommentar:

Was ist die Alternative zum Zu-Schwachstellen-Stehen? Man kann einen Bogen darum herum machen, kann sie umgehen, in der Hoffnung, es erkenne niemand die Schwachstelle. Das geht gut, wenn es gutgeht; es geht nicht mehr so gut, wenn es nicht gutgeht. Was heißt das konkret?
Kommt man selbst auf einen schwachen Punkt zu sprechen, so hat man es in der Hand, wie sehr man darauf eingehen will. Man kann die Sache mehr oder weniger steuern. Klammert man eine Schwachstelle aus, redet man bewußt nicht davon, dann kann es in der Diskussion gefährlich werden. Spricht jetzt einer die Schwachstelle an, dann kann man gewiß sein, daß zwei, drei – zwanzig, dreißig andere auch wach werden: »Tatsächlich, davon hat er gar nichts gesagt!« und jetzt wollen sie es wissen. Sie wollen es viel genauer wissen, als wenn man selbst darauf zu reden gekommen wäre. Dabei geht es ihnen oft gar nicht so sehr um die Sache selbst; sie sind vielmehr verärgert, weil sie glauben, der Redner habe ihnen etwas vorenthalten oder sie für dumm verkaufen wollen. Die Emotionen kommen ins Spiel, und jetzt kann es gefährlich werden. Das Steuer wird einem unter Umständen aus der Hand genommen.
Wir müssen uns gut überlegen, ob wir es uns leisten können, eine Schwachstelle einfach zu umgehen.

Gesetz Nr. 77

Die Grenzen
zwischen fairer und unfairer
Dialektik sind mitunter fließend.

Es gibt keine Grenzen der Dinge. Christian Morgenstern

Kommentar:

Dialektik ist die Kunst, zu überzeugen. Ihre Hauptpfeiler sind die Logik, die Psychologie und die Rhetorik. Ihre Regeln, sofern man überhaupt von Regeln sprechen kann, lassen sich, wie fast alles, zum fairen oder unfairen Gebrauch anwenden, wobei die Grenzen mitunter fließend sind. Die folgenden drei Gesetze befinden sich an beziehungsweise jenseits der Grenze fairer Dialektik. Wir befassen uns nicht mit ihnen, um uns das darin dargestellte Verhalten zu eigen zu machen, sondern damit wir es bei anderen erkennen und richtig reagieren können.

Gesetz Nr. 78

Schwachstellen leicht antippen.

Jeder, der redet, verschweigt etwas.　　　　　Emil Ludwig

Dieses Verhalten ist an der Grenze fairer Dialektik: Ein
Redner hat in dem, was er vertritt, eine schwache Stelle,
zu der er nicht stehen kann, ohne seine Sache zu gefährden. Sie einfach auszuklammern ist ihm zu gefährlich,
weil er keine stichhaltige Entgegnung hätte, falls er in der
Diskussion auf den wunden Punkt angesprochen würde.
Er wendet daher eine andere Taktik an: In einem Neben-
satz erwähnt er die Schwachstelle flüchtig – tippt sie gewissermaßen im Vorbeigehen an –, ohne wirklich darauf
einzugehen. So verschafft er sich die Möglichkeit, wenn
er in der Diskussion auf diesen Punkt angesprochen wird,
dem Fragesteller unverfroren (aber auf durchaus liebens-
würdige Art) zu antworten:»Ganz richtig, das ist ein we-
sentlicher Punkt. Deshalb bin ich in meinem Vortrag auch
sosehr darauf eingegangen. Sind Sie einverstanden, daß
ich mich mit Rücksicht auf die übrigen Zuhörer nicht wie-
derhole? Danke!«
Das Verhalten gründet auf der Erkenntnis, daß niemand
während eines ganzen Vortrags ununterbrochen bei der
Sache ist. Die Gedanken schweifen ab; man denkt an
dies und jenes, macht sich allenfalls Notizen zum Thema
oder zu etwas anderem. Darum ist man auch leicht geneigt zu glauben, man hätte etwas nicht mitbekommen.
Man insistiert nicht weiter, schon um sich nicht zu bla-
mieren.
Solche und ähnliche Taktiken kann man täglich erleben.
In Vorträgen und Diskussionen, an Sitzungen und Konferenzen. Werden wir damit konfrontiert, dann dürfen

wir uns nicht ins Bockshorn jagen lassen, sondern müssen Rückgrat beweisen. Und das bedeutet: Fragen, bis die Sache klar ist! Es ist keine Schande, etwas überhört oder nicht verstanden zu haben.

Gesetz Nr. 79

Fragesteller nicht
persönlich angreifen, bloßstellen,
lächerlich machen.

*Niemand glaubt, wie leicht ein böses Wort die Gunst ver-
giftet.*   Shakespeare

Kommentar:

Es ist beileibe keine Kunst, einen Fragesteller persönlich anzugreifen, bloßzustellen, lächerlich zu machen. Aber es ist ein billiges Verhalten, oder richtiger gesagt: eines, wofür wir meistens teuer bezahlen. Es ist fast immer ein Bumerang-Verhalten. Der, den wir heute unfair angreifen, wird uns das morgen zurückzahlen, sei es in fünf Minuten, sei es in einem halben Jahr. Vielleicht gerade dann, wenn wir seine Unterstützung nötig hätten, wenn wir auf seine Stimme angewiesen wären, läßt er uns seine Vergeltung spüren. Hat man einen ausgesprochenen Querschläger unter den Zuhörern, so ist die Versuchung mitunter groß, ihm eine aufs Dach zu geben. Man spürt vielleicht auch, daß der Saal, die Runde darauf wartet. Man gibt dem Verlangen nach – und im selben Moment bereut man es auch schon. Es kann sich ein unbewußter Solidarisierungsprozeß der übrigen mit dem Gemaßregelten vollziehen, und in Sekundenschnelle hat man einen Eiskeller vor sich. Diesen wieder aufzutauen ist oft kaum mehr möglich. Deshalb grundsätzlich Hände weg von diesem Verhalten!
Wieso können wir es denn in der Politik so oft beobachten? Dort haben wir eine andere Situation; es gelten andere Maßstäbe. Politik ist ein Beruf, und jeder Beruf hat seine Risiken. Es gehört mit zum Berufsrisiko des Politikers, persönlich angegriffen, bloßgestellt zu werden. Das geht in der Regel nicht tiefer, denn alle Beteiligten wissen, daß das zum Show-Teil der Politik gehört, der freilich über die Medien oft übermäßiges Gewicht bekommt.

Gesetz Nr. 80

Argumentieren mit fiktiven Aussagen.

*Die gefährlichsten Unwahrheiten sind Wahrheiten, mä-
ßig entstellt.*　　　　　Georg Christoph Lichtenberg

Kommentar:

Auch dieses Verhalten jenseits fairer Dialektik können
wir immer wieder beobachten. Verdeutlichen wir es am
besten an einem Beispiel:
Der Redner hat in einem Zusammenhang gesagt:»Das
trifft zu auf 34 Prozent aller Beschäftigten.« Ein Zuhörer
zweifelt diese Zahl in der Diskussion an:»Die von Ihnen
erwähnten 34 Prozent dünken mir recht hoch. Woher haben Sie diese Zahl?«–»Sie stammt aus der Schneiderhan-
Analyse; ich nehme an, die wird Ihnen bekannt sein.«
Sei es, daß einfach die Zahl nicht stimmt; sei es, daß es eine
solche Untersuchung überhaupt nicht gibt: Die Chance
ist groß, daß der Redner mit seiner Antwort durch-
kommt. Das Verhalten gründet auf der Tatsache, daß niemand alles wissen kann und daß keiner sich gerne bla-
miert. Wird die Antwort mit der nötigen Gelassenheit
und Souveränität gegeben, traut sich der Fragesteller oft
nicht, nochmal nachzufassen. Die Sache ist gelaufen.
Wenn wir mit diesem Verhalten konfrontiert werden,
dürfen wir uns nicht einschüchtern lassen. Ruhig dazu
stehen, daß man etwas nicht weiß: Kenne ich nicht. Wann
erschienen? Wo erschienen? Haben Sie die Untersuchung
dabei? Wo kann ich sie einsehen?
Durch Fragen zum Wahrheitsbeweis auffordern!

Gesetz Nr. 81

Fragen und Antworten
durch Quittungen miteinander
verbinden.

Kommentar:

Um in der Diskussion bestehen zu können, muß man zunächst einmal in der Sache kompetent sein; daneben ist aber auch die formale Gewandtheit wichtig, die Art, wie man mit Fragestellern umgeht. Sie zeigt sich unter anderem schon beim Entgegennehmen von Fragen. Man kann das völlig sachlich, fast trocken machen – schematisch dargestellt so:

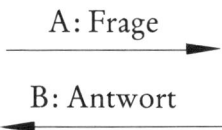

A: Frage

B: Antwort

Man kann es aber auch verbindlicher machen:

A: Frage

B: Antwort   B: Quittung

Mit dem als Quittung bezeichneten Verbindungsstück fangen wir die Frage auf und leiten über zur Antwort. So wird der Diskussionsverlauf eleganter.

Füllen wir zum Verdeutlichen die beiden Darstellungen mit Text:

A: »Halten Sie es tatsächlich für möglich, die Personalkosten auf dem heutigen Stand zu halten? Ich zweifle daran. Ich glaube vielmehr, daß sie bereits in den nächsten Monaten wieder ansteigen werden. Wie stellen Sie sich dazu?«

241

Kommentar:

Antwort I:
B: »Ich will Ihnen das mal an einem Beispiel erklären ...«
Antwort II:
B: »Ich verstehe Ihre Sorge um unsere Ertragslage. Betrachten wir die Entwicklung der Personalkosten einmal an einem Beispiel ...«
Der Inhalt der beiden Antworten ist derselbe. Aber welche klingt besser, tönt konzilianter? Und welche wird beim Fragesteller wohl mehr Geneigtheit für die weiteren Überlegungen schaffen?
In den folgenden Gesetzen werden wir verschiedene Quittungs-Varianten betrachten. Grundsätzlich ist dazu zu sagen, daß Quittungen kein großes Gewicht, kein Eigenleben haben dürfen. Man sollte sie eigentlich gar nicht wahrnehmen; sie sollen lediglich zur Verbesserung der Atmosphäre, des Diskussionsklimas beitragen. Natürlich braucht auch nicht ausnahmslos jede Frage quittiert zu werden. Alles ist eine Frage des Maßes.

Gesetz Nr. 82

Dank ist ein
Aspekt der Quittung.

*Was du mit Geld nicht bezahlen kannst, bezahle wenig-
stens mit Dank.*   Sprichwort

Kommentar:

Es gibt für den Redner kaum etwas Unangenehmeres, als wenn er nach seinem Vortrag oder nachdem er an einer Sitzung seine Sache dargelegt hat, zu Fragen auffordert und niemand meldet sich. Das bedeutet andererseits, daß jemand, der eine Frage stellt, uns dadurch Freude bereitet. Wie reagieren wir, wenn uns jemand eine Freude macht? Wir bedanken uns dafür. Diese Höflichkeitsregel gilt auch in der Diskussion: Dank ist einer der Aspekte der Quittung. Er soll nicht überschwenglich sein, sondern liebenswürdig objektiv, zum Beispiel: »Vielen Dank!«, »Besten Dank für diese Frage!«, »Ich danke für Ihre Frage.«

Gesetz Nr. 83

Durch Quittungen
zu weiteren Fragen aufmuntern.

Lehre tut viel, aber Aufmunterung tut alles.   Goethe

Kommentar:

Dank ist nicht einfach Selbstzweck. Durch den Dank erreichen wir auch das, was wir im Normalfall wollen: eine lebhafte Diskussion.

Eine Situation, wie man sie immer wieder haben kann: Im Zuhörerkreis oder in der Sitzungsrunde befindet sich einer, der eher schüchtern ist, sei es ein neuer Mitarbeiter, sei es sonst jemand. Er hätte eigentlich auch gern eine Frage gestellt, aber er traut sich nicht recht. Er traut sich natürlich erst recht nicht, wenn er sieht, daß der Redner oder Vorsitzende Fragen, die kommen, völlig sachlich, trocken, fast barsch beantwortet. Umgekehrt, wenn er sieht, daß der Redner Fragen gern entgegennimmt, sich darüber freut und sich dafür bedankt – das muntert auf und führt zu einem animierten Frageteil.

Gesetz Nr. 84

Durch eine Quittung
sicherstellen, daß man die Frage
richtig verstanden hat.

*Verstehen heißt, sich eine Frage stellen, die durch das, was
man versteht, genau beantwortet wird.*   André Gide

Kommentar:

Auch das kann ein Aspekt der Quittung sein: sicherstellen, daß man die Frage richtig verstanden hat. Es ist unangenehm, wenn man eine Frage beantwortet und mittendrin oder am Schluß stellt sich heraus, daß der Fragesteller eigentlich etwas anderes wissen wollte. Oft ist es nicht die Schuld des Redners, wenn seine Antwort in eine falsche Richtung geht, sondern die des Fragestellers, weil er seine Frage zuwenig präzise formulierte. Nur, das macht es um nichts besser; die Situation ist so oder so unangenehm. Deshalb in Zweifelsfällen rückkoppeln, ob man die Frage richtig verstanden hat, zum Beispiel: »Wenn ich Ihre Frage richtig verstehe ...«, »Bedeutet das, daß ...?«

Gesetz Nr. 85

Die Frage durch eine Quittung
für die übrigen Zuhörer
verständlich machen.

*Es ist ein Beweis hoher Bildung, die größten Dinge auf
einfachste Art zu sagen.* Ralph Emerson

Kommentar:

Mitunter wird eine Frage unklar gestellt, weil der Fragesteller unbeholfen ist. Als Fachmann erkennt man natürlich, worum es geht; man merkt aber auch, daß der Großteil der Zuhörer die Frage nicht begriffen hat. Es wäre nun
unklug, unbekümmert um dieser Situation die Frage zu
beantworten. Das würde bei einem Teil der Zuhörer zum
Abschalten oder gar zu Verärgerung führen. Nicht besonders elegant wäre es auch, den Fragesteller zu bitten,
seine Frage verständlicher zu formulieren. Das macht
man besser selbst mit Hilfe einer entsprechenden Quittung:»Damit ich ganz klar sehe: Es geht bei Ihrer Frage
um ...«, und jetzt formuliert man so, daß jeder im Saal
den Sinn der Frage versteht.
Wir haben diese Situation übrigens nicht nur dann, wenn
jemand eine Frage unklar, unbeholfen stellt. Genausogut
kann das Gegenteil der Fall sein: Die Frage ist fachlich zu
hoch für das Niveau des Publikums. Sehr wahrscheinlich
würden wir unserer Sache einen schlechten Dienst erwei-
se, wenn wir die Frage über die Köpfe der Zuhörer hinweg beantworteten. Besser formulieren wir sie zunächst
mit Hilfe einer Quittung so um, daß sie von allen verstanden wird.

Gesetz Nr. 86

Die Quittung
verschafft eine Denkpause.

Kenntnisse kann jedermann haben, aber die Kunst zu denken ist das seltenste Geschenk der Natur.

Friedrich der Große

Zeitgewinn ist ein weiterer Aspekt der Quittung. Man kann durch eine Frage überrascht werden und weiß im Moment nicht, wie reagieren; man muß sich die Antwort zurechtlegen. Das braucht Zeit. Damit diese Denkpause von den Zuhörern nicht als Verlegenheitspause empfunden wird, überbrückt man sie mit einer Quittung im Sinne von Dank, von Rückkoppeln oder von Stillen des Anerkennungsbedürfnisses.

Gesetz Nr. 87

Die Quittung
verschafft sachliche Distanz.

Ein zur Unzeit gesprochenes Wort kann ein ganzes Leben umstürzen. Menander

Kommentar:

Dieser Aspekt geht in eine ähnliche Richtung wie der vorhergehende. Das Prinzip ist, daß man nicht unter Druck antworten will, sondern aus einer Distanz, die eine gewisse Überlegenheit gewährleistet. Man setzt die Quittung sozusagen als Puffer zwischen Frage und Antwort.

Hier können wir sehr oft einen Mißbrauch des Instruments der Quittung beobachten, nämlich Redner, die die Quittung übermäßig verlängern und sich um die eigentliche Antwort drücken. Sie erwecken zunächst den Eindruck von Kompetenz und Überlegenheit, und bei einem großen Teil der Zuhörer werden sie damit auch durchkommen. Betrachten wir solche Situationen jedoch kritischer, dann stellen wir fest, daß es sich in vielen Fällen nicht um Überlegenheit in der Sache handelt, sondern allenfalls um *rhetorische* Überlegenheit. Materiell, substantiell wird unter Umständen herzlich wenig oder gar nichts beigetragen, wie das *ironische* Beispiel nach Klaus Mampell in der »Neuen Zürcher Zeitung« illustriert:
»Als ich meinen Freund fragte, wie er auf den Gedanken komme, in die Politik zu gehen, antwortete er: ›Zunächst einmal gehe ich davon aus, daß ich zum Politiker berufen bin.‹ Jetzt ist er schon eine Weile in dem Beruf, zu dem er sich berufen fühlt, und kürzlich hatte ich Gelegenheit, ihn in seiner politischen Rolle zu beobachten, nämlich bei einem Fernsehinterview. Man stellte ihm die aktuelle Frage: ›Sind Sie für oder gegen gezielte Maßnahmen zum Umweltschutz?‹ und er antwortete:

Kommentar:

›Zunächst einmal läßt sich zu dieser Frage sagen, daß der Umweltschutz zwei Seiten hat. Es werden also zweierlei Fragen aufgeworfen, nämlich die Frage nach der Umwelt im allgemeinen und die Frage nach deren Schutz. Man kann diese Frage zwar getrennt beantworten, sollte sich aber immer daran erinnern, daß auch der Bürger hier zu Wort kommen muß. Hier wird jeder gefordert. Jeder Bürger hat das Recht, diese Frage mit Ja oder Nein zu beantworten, und für dieses freie Entscheidungsrecht des Bürgers setze ich mich ein.‹

›Können gezielte Umweltschutzmaßnahmen die Lage auf dem Arbeitsmarkt beeinflussen und Arbeitslosigkeit verhindern?‹ wurde er dann gefragt.

›Ich gehe davon aus, daß die Arbeitslosigkeit relativiert werden kann. Da ist zunächst einmal die saisonale Arbeitslosigkeit, aber auch die regionale. Beide können durch einen zeitlichen oder räumlichen Wechsel Veränderungen erfahren. Das haben wir ja immer erlebt, und wir können uns darauf verlassen, daß wir es auch in Zukunft immer wieder erleben werden. Wenn wir diese Verschiebungen in den Griff bekommen, sind wir schon einen großen Schritt vorwärtsgekommen, und zwar zum Wohle aller Bürger. Darauf läuft schließlich doch alles hinaus. Diese Auffassung vertrete ich und dazu stehe ich. Ich gehöre nämlich nicht zu denen, die nach Partei oder Religion oder Bildungsart fragen, wenn es um das Wohl aller Bürger geht. Ich bin der Auffassung, daß wir mehr Bürgernähe brauchen, und dafür setze ich mich ein.‹

Kommentar:

›Noch einmal zurück zum Umweltschutz: Welche Aus-
wirkungen erwarten Sie auf die Inflation?‹
›Zunächst einmal gehe ich davon aus, daß wir diese Probleme nicht im einzelnen lösen können, ohne sie in ihrer
Gesamtheit anzugehen, und das Gebot der Stunde ist es
eben, sie überhaupt einmal anzugehen und nicht vor ihnen zu kapitulieren oder den Kopf in den Sand zu stecken.
Wir können doch nicht einfach diese Probleme vor uns
herschieben und so tun, als gäbe es sie nicht. Eines nämlich ist sicher. Die Lösung dieser Probleme erfordert nicht
nur den Einsatz aller unserer Kräfte, sondern auch sehr
viel Erfindungsreichtum, Vorausschau, Weitblick, Tat-
kraft. Das ist es, was wir brauchen. Und das ist es auch,
was ich persönlich zu geben bereit bin. So können wir
auch diese Probleme meistern. Vor allem geht es jetzt darum, nicht ins Abseits zu geraten.‹
Hier schaltete ich den Fernseher aus mit der Gewißheit,
daß mein Freund es in dem Beruf, zu dem er sich berufen
fühlt, weit bringen wird.«
Ist das so weit hergeholt? Können wir ähnliches nicht jeden Tag hören? Zum Glück gibt es daneben die große
Zahl der Redner, die sowohl in der Sache kompetent als
auch rhetorisch gut sind.

Gesetz Nr. 88

Die Quittung kann das Anerkennungsbedürfnis stillen.

Anerkennung ist das Brot der Geister. — Paul Lindau

Kommentar:

Warum werden in Diskussionen Fragen gestellt? Einmal
aus dem Informationsbedürfnis heraus, um Ergänzendes
und Vertiefendes zu erfahren; dann aber auch aus dem
Anerkennungsbedürfnis heraus, um sich beim Referen-
ten, bei den übrigen Zuhörern, bei Dritten (und bei sich
selbst) zu profilieren. Der Anteil der Fragen, die aus dem
Geltungs- und Anerkennungsbedürfnis heraus gestellt
werden, ist hoch, und es kann Sache des Redners und
Aufgabe der Quittung sein, das Anerkennungsbedürfnis
eines Fragestellers zu befriedigen.
Der kleine Christian stellt dem Lehrer in der Schule eine
Frage. Der Lehrer leitet die Antwort ein: »Deine Frage ist
gar nicht einfach zu beantworten, Christian. Wie kommst
du darauf? Sie ist interessant ...« Was wird für den kleinen Jungen wichtiger sein, wenn er nach Hause kommt:
die Suppe zu löffeln oder seiner Mutter zu erzählen, daß
er dem Lehrer eine Frage gestellt hat, die dieser kaum beantworten konnte?
Menschen sind, wo es um ihre Grundbedürfnisse geht –
und das Anerkennungsbedürfnis ist ein Grundbedürf-
nis –, auch in späteren Jahren grundsätzlich nicht anders,
als sie in der Kindheit, in der Jugend waren. Auch einer
klugen Frau, einem reifen Mann kann es guttun, wenn sie
oder er an einer Sitzung eine Frage stellt und der Vorsitzende quittiert: »Frau Klug, Herr Reif, Ihre Frage trifft
den Kern der Sache ...« Da wird Frau Klug oder Herr
Reif allenfalls einen halben Kopf größer.

Drei Voraussetzungen müssen erfüllt sein, wenn es um das Stillen des Anerkennungsbedürfnisses geht:
1. Die Anerkennung muß aufrichtig, muß ehrlich gemeint sein (keine Heuchelei!)
2. Die Quittung muß angemessen sein (im Verhältnis zur Bedeutung der Frage)
3. Die Quittungen müssen variieren und dürfen nicht stereotyp sein und dadurch floskelhaft wirken (wie das abgedroschene und leicht herablassende: »Das ist eine gute Frage!«)

Sehr oft steht gerade hinter aggressiven Fragen nichts anderes als das Anerkennungsbedürfnis. Wenn wir uns dessen bewußt sind, werden wir leichter mit solchen Fragen fertig. Denn gerade dort, wo das Anerkennungsbedürfnis im Vordergrund steht, genügt oft eine aufbauende Quittung, um den Fragesteller zu befriedigen. Es ist deshalb ein guter Grundsatz: je aggressiver eine Frage, um so liebenswürdiger die Quittung.

Gesetz Nr. 89

Nicht nachfragen,
ob der Fragesteller befriedigt sei.

Die Menschen zu befriedigen ist schwer.   Goethe

Kommentar:

Hie und da kann man hören, daß sich Redner im Anschluß an ihre Antwort erkundigen, ob der Fragesteller befriedigt sei. Das Verhalten geht zurück auf frühere Gemeindeordnungen, nach denen Mitglieder von Exekutivbehörden diese Pflicht zum Nachfragen hatten. Obwohl diese Ordnungen heute fast überall geändert sind, wird das Verhalten noch geraume Zeit durch die Köpfe geistern. Wir unterlassen es besser, und zwar aus folgenden Gründen:
Einmal gräbt man sich häufig selbst eine Grube, weil der Fragesteller mit einer zweifelnden Kopfbewegung reagiert, mit den Schultern zuckt oder sagt: »Nicht ganz!« was einen in der Regel zwingt, nochmals auf den Punkt einzugehen. Mehren sich diese Situationen, dann wird die Diskussion schwerfällig und verliert von ihrem Schwung.
Der andere und gleichzeitige Hauptgrund, warum man solches Nachfragen besser unterläßt: Man soll sich als Redner nicht selbst in Frage stellen. Wenn wir als Redner, also als Fachmann, eine Frage beantworten, dann ist wohl anzunehmen, daß wir dies befriedigend tun, sonst hätten wir sehr wahrscheinlich dem Fragesteller gesagt, daß und warum wir seine Frage nicht beantworten können. Die Tatsache, daß wir ihm Antwort geben, impliziert, daß diese Antwort befriedigend ist. Deshalb erübrigt sich das Nachfragen.
Wir überlassen es besser dem Fragesteller, sich nochmals zu melden, falls er eine Ergänzung unserer Antwort wünscht.

Gesetz Nr. 90

Zwei, drei Fragen für den Diskussionsteil selbst vorbereiten.

Kommentar:

Es kann sein, daß die Diskussion nur schwer oder überhaupt nicht in Gang kommt. Auf diese Eventualität muß man sich vorbereiten, indem man sich selbst zwei, drei Fragen zurechtlegt, mit denen man den Diskussionsteil notfalls eröffnen kann. Man hat zum Beispiel im Anschluß an den eigentlichen Vortragsteil die Zuhörer ermuntert: »Ich bin nun gerne bereit, Fragen zu beantworten.« – Niemand meldet sich, und je länger es dauert, um so unangenehmer wird die Situation. Natürlich muß man eine Weile warten – man darf aber nicht so lange warten, bis es peinlich wird, sondern muß im richtigen Moment selbst eine der vorbereiteten Fragen einfließen lassen. Als Einleitung kann dienen: »Eine Frage, die immer wieder gestellt wird, ist ...«, »Vor einiger Zeit wurde ich gefragt ...«, »In diesem Zusammenhang ist vielleicht noch interessant ...«. Auf diese Weise bekommt man die Diskussion fast immer in Gang. Aber selbst wenn nachher keine weiteren Fragen mehr kämen, wäre die Situation doch einigermaßen gerettet.

Gesetz Nr. 91

Als Abschluß der
Diskussion nochmals wiederholen,
was jetzt zu tun ist.

Worüber wir nicht ernstlich nachgedacht haben, das ver-
gessen wir bald. Marcel Proust

Kommentar:

Wir erleben immer wieder Redner, die sich am Schluß der Diskussion mit irgendeiner Verlegenheitsfloskel verabschieden, zum Beispiel: »Wenn keine weiteren Fragen mehr sind, dann danke ich Ihnen für Ihr Interesse!« oder sonst einer unbeholfenen Formulierung. So geht ein Großteil der Wirkung des Vortrags wieder verloren. Wir wollen es bessermachen.

Auch wenn wir die Diskussion straff führen, kann sie durch neu einfließende Gedanken auf Nebengeleise geraten. Dadurch und durch die Länge der Diskussion vergessen die Zuhörer unter Umständen, was überhaupt das Anliegen, die Konsequenz des Vortrags war. Es ist deshalb unbedingt erforderlich, am Schluß der Diskussion die Aufforderung zum Handeln aus dem eigentlichen Vortragsteil nochmals zu bringen, den Zuhörern nochmals zu sagen, was jetzt zu tun ist.

7.
Hinweise zur
Rede- und Sprechtechnik

Gesetz Nr. 92

Das Redetempo muß der
Aufnahmefähigkeit der Zuhörer,
dem Thema und der Größe
des Saals angepaßt sein.

*Das Notwendigste und Härteste und die Hauptsache in
der Musik ist das Tempo.*   Wolfgang Amadeus Mozart

Kommentar:

Die Aufnahmefähigkeit kann unter anderem von der Tageszeit abhängen. Morgens um neun sind die Zuhörer in der Regel frischer und aufnahmefähiger als abends um neun oder nach einem üppigen Mahl. Ein einfaches Thema erträgt ein rascheres Tempo als ein Thema, bei dem sich die Zuhörer sehr konzentrieren, bei dem sie ständig verarbeiten müssen.

Auch die Größe des Saals ist von Bedeutung. Ein großer Saal verlangt ein langsameres Tempo als ein kleiner Raum – besonders dann, wenn man über ein Mikrophon spricht. Die Echowirkung im großen Saal zwingt zu langsamem Reden. Daran sollte besonders der Anfänger denken, der sich vielleicht zu Hause im stillen Kämmerlein auf seinen Vortrag vorbereitet und dabei auch die Redezeit kontrolliert. Tatsächlich hält er den Vortrag dann aber nicht im stillen Kämmerlein, sondern in einem wesentlich größeren Raum. Er muß langsamer reden und gerät in Zeitnot. Falls man den Vortrag also zu Hause oder im Büro probeweise hält, dann unbedingt in dem Tempo, das der tatsächlichen Situation angemessen ist.

Vor allem dann, wenn man etwas erregt ist, sollte man sich zum Grundsatz machen: Bewußt langsam beginnen! Die ersten paar Sätze bewußt langsam sprechen – so senkt sich eine allenfalls vorhandene Nervosität bald, und man entwickelt ein vernünftiges Redetempo. Beginnt man hingegen schon zu schnell, dann ist die Gefahr groß, daß man sich verhaspelt und dadurch erst recht nervös wird. Bewußt langsam beginnen!

Gesetz Nr. 93

Keine Angst vor Pausen!

Als neulich am Sonntag der Herr Pastor
Eine peinliche Pause machte,
Weil er den Faden der Rede verlor,
Da duckt' sich der Küster und lachte.

Wilhelm Busch

Keine Angst vor Pausen! Pausen müssen sein, sowohl für den Redner wie für die Zuhörer. Genauso wie wir beim Schreiben die einzelnen Stoffgebiete durch Abschnitte auseinanderhalten, müssen wir beim Reden die Gedankengruppen voneinander trennen. Es würde niemandem einfallen, einen Brief von ein, zwei oder noch mehr Seiten ohne Absätze an einem Band zu schreiben. Das wäre auch gräßlich für den Empfänger, der dieses unübersichtliche Elaborat lesen müßte. Abschnitte sind für den Schreiber als Strukturierungshilfe nötig und für den Leser als Erleichterung beim Aufnehmen des Textes. Entsprechend beim Reden. Denkpausen (wir sprechen hier nicht von den mit ... mmh ... und ... äääh ... ausgefüllten Verlegenheitspausen, durch die sich der Redner lächerlich macht) sind einerseits nötig, damit der Redner sich sammeln und den nächsten Gedanken im Geist formulieren kann. Andererseits sind sie aber auch nötig für die Zuhörer, um das bisher Gehörte zu verarbeiten und für Neues aufnahmefähig zu sein. Die Zuhörer müssen doch ab und zu geistig verschnaufen können.
Daneben ist die Pause ein Mittel, um Akzente zu setzen und Spannung zu erzeugen.
Und nicht zuletzt ist sie von psychologischer Wirkung. Die Zuhörer vermerken es positiv, wenn sie spüren, daß der Redner jetzt, im Augenblick, wo er zu ihnen spricht, auch denkt und nicht einfach eine Konserve serviert, die er schon wiederholt aufgetischt hat.
Eine Untersuchung über die Länge von Redepausen

zeigt, daß Redner eine Denkpause von drei Sekunden bereits als peinlich empfinden und nervös werden, während sie von den Zuhörern noch nicht einmal als Pause wahrgenommen wird. Das beginnt erst nach sieben bis acht Sekunden, und auch dann wirkt es noch längst nicht peinlich. Aus dieser Erkenntnis heraus auch nicht nervös werden, wenn man den Faden tatsächlich einmal verloren haben sollte, sondern wissen, daß man alle Zeit hat, seine Gedanken in Ruhe wieder zu sammeln.

Gesetz Nr. 94

Die Stimme schafft die Stimmung.

Da ist ebensoviel Beredsamkeit im Ton der Stimme,
in den Augen und in der ganzen Atmosphäre,
die ein Redner um sich verbreitet,
wie in der Wahl seiner Worte.

La Rochefoucauld

Kommentar:

Die Stimme ist das Instrument des Redners, und je besser
er dieses beherrscht, je eleganter und wendiger er damit
umgehen kann, um so leichter kann er die Zuhörer gewinnen. Denn in der Stimme liegt die Stimmung. Eine leben-
dige Stimme gibt den Worten Kraft und Leben; eine fade
Stimme schläfert ein.
Cicero sagte einmal: »Die Qualität der Stimme kann man
sich freilich nur wünschen, sie liegt nicht in unserer
Hand.« Allerdings fährt er gleich weiter: »Aber Behand-
lung und Gebrauch – die liegen in unserer Hand!« Alles,
was vor zweitausend Jahren zur Stimmpflege möglich
war, ist auch heute noch möglich. Außerdem steht uns
das Tonband zur Verfügung. Zweimal pro Woche eine
Viertelstunde laut lesen oder frei reden, verbunden mit
Tonband-Selbstkontrolle, bringt bereits nach kurzer
Zeit positive Resultate.
Manche Redner haben Hemmungen, weil ihre Sprache
eine Dialektfärbung aufweist. Diese Hemmungen sind
unbegründet, sofern der Dialekt nicht so stark durch-
bricht, daß die Zuhörer mit dem Verstehen Schwierigkeiten bekommen. Eine »heimatliche« Färbung kann im
Gegenteil positive Wirkung haben. Weil der Redner
ihretwegen bodenständig wirkt, kann sie seine Glaubwürdigkeit und das Vertrauen, das man ihm entgegenbringt, erhöhen.
Natürlich darf der Mundart-Einfluß nie zur Ursache von
Eintönigkeit werden. Ganz gleich in welcher Sprache wir
sprechen – immer gilt: Dynamisch reden, nicht monoton!

Gesetz Nr. 95

Anfangs- und Endsilben nicht verschlucken!

Wer Silben verschluckt, verschluckt Gedanken.

Alfred Mohler

Kommentar:

Viele Redner schenken der Aussprache-Deutlichkeit zuwenig Beachtung. Wenn wir wollen, daß uns die Zuhörer
zustimmen, müssen sie uns vor allem einmal verstehen.
Und ob sie uns problemlos verstehen, hängt unter anderem von der Deutlichkeit unserer Aussprache ab. Ein
Vortrag kann vom Inhalt her noch so bedeutend sein –
wenn der Redner nicht verstanden wird, weil er undeut-
lich spricht, bleibt der beste Vortrag ohne Wirkung.
Undeutliche Aussprache bedeutet neben dem Verwischen
von Silben vor allem Verschlucken von Anfangs- und
Endsilben. Auch hier hilft die im vorangehenden Kommentar empfohlene Tonband-Selbstkontrolle weiter; sie
zeitigt sehr bald positive Resultate.

Gesetz Nr. 96

Die Lautstärke muß der Größe
des Saals und der Wichtigkeit
des Gesagten angepaßt sein.

Nur weil man lauter spricht, werden die Argumente nicht
besser. Alfred Mohler

Kommentar:

Am besten spricht man mit natürlicher, gewohnter Stimme in einer Lautstärke, bei der man auch in der hintersten Reihe verstanden wird. Nicht leiser, aber auch nicht lauter. Variieren der Lautstärke ist eines der Mittel, die uns als Redner zur Verfügung stehen, die dem Unterstreichen beim Schreiben entsprechen. Es heißt absichtlich »variieren« und nicht »erhöhen«. Es kann richtig sein, bei einer besonderes wichtigen Stelle die Stimme zu erheben, lauter zu sprechen. Das Gegenteil kann aber genauso wirkungsvoll sein. Das Senken der Stimme oder ein deutlich leiseres Sprechen vermag unter Umständen die Bedeutung einer Aussage weit mehr hervorzuheben als übertriebene Lautstärke: Auch leise sprechen ist ein Mittel zur Erhöhung der Aufmerksamkeit.

Mit in diesen Bericht gehört auch die Betonung. Durch die Betonung, das Hervorheben einzelner Silben, einzelner Wörter, von Satzteilen oder ganzen Sätzen können wir Akzente setzen, können wir einer Aussage Gewicht geben. Die richtige oder falsche Betonung kann aber auch den Sinn einer Aussage verändern. »Warum rauchen wir nicht mehr?« Ob die Betonung auf »nicht« oder auf »mehr« liegt, sind zwei Paar Stiefel.

Gesetz Nr. 97

Auch mit dem Blick
können wir beeinflussen.

Kann der Blick nicht überzeugen, überredet die Lippe nicht.
Grillparzer

Kommentar:

Auch der Blickkontakt ist ein Mittel, um zu beeinflussen. Wir wollen es nicht verschenken, sondern bewußt einsetzen. Und zwar bereits bevor wir mit reden beginnen. Sobald wir unseren Redeplatz eingenommen haben, stellen wir Blickkontakt zu den Zuhörern her. Aus diesem Kontakt und der dadurch gewonnenen Erkenntnis, ein wohlmeinendes Publikum vor uns zu haben, schöpfen wir Sicherheit. Erst dann beginnen wir zu reden.

Es gibt Redner, die aus Scheu oder Hemmung ihre Zuhörer weder vor noch während der Rede anschauen, die mit dem Blick ausweichen. So isoliert man sich. Man kann furchtbar einsam vor seinem Publikum stehen, wenn man keinen Blickkontakt herstellt. Und je länger der Vortrag dauert, um so einsamer wird man.

Im Zusammenhang mit dem Blickkontakt ist eine Untersuchung interessant, die zeigt, daß die Kontaktdauer mit einem einzelnen Zuhörer drei bis fünf Sekunden betragen muß, damit jeder das Gefühl bekommt, einbezogen zu sein. Den Blick also entsprechend lang bei einzelnen Zuhörern oder Zuhörer-Gruppen belassen und nicht zu rasch hin und her schweifen lassen.

In der Diskussion soll der Blick während der ganzen Frage auf den Fragesteller konzentriert sein, um ihm so unser Interesse an seiner Frage zu dokumentieren. Auch den ersten und einen Teil des zweiten Satzes unserer Antwort richten wir bewußt an den Fragesteller. Dann schaffen wir auch mit den übrigen Zuhörern wieder Blickkontakt, um sie nicht auszuschließen. Nach der Antwort hingegen

---

den Blick nur noch sehr kurz auf dem Fragesteller ruhen
lassen und sich deutlich wieder dem übrigen Publikum
zuwenden. Ein längeres Ruhenlassen des Blicks im Anschluß an die Antwort wird von den meisten als Heraus-
forderung empfunden, zusätzliche Fragen zu stellen.

Gesetz Nr. 98

Eine Rede wird nicht nur gehört,
sie wird auch gesehen.

Gesten sind sichtbar gewordene Emotionen.

Baldur Kirchner

Kommentar:

Auch Bewegungen, Gebärden, Mimik sind Bestandteil des Vortrags. Er wird ja nicht nur gehört, sondern auch gesehen. Was nach außen in Erscheinung tritt, soll Ausdruck der inneren Bewegtheit sein. Wo das nicht der Fall ist, sind Bewegungen nicht echt und wirken unnatürlich. Überhaupt ist es besser, sich in seinen Bewegungen zu bescheiden. Lieber sparsame Bewegungen, die das Gesagte sinnvoll unterstreichen, als ein ständiges Gefuchtel. Mit Vorteil beschränkt man sich auf die klassische Rednergeste. Der Oberarm liegt gelöst am Oberkörper, während der Unterarm mit der leicht geöffneten Hand unterstreichende Bewegungen ausführt. Sie sollen im kommunikativen Bereich zwischen Hüfte und Kopf oder allenfalls darüber hinaus stattfinden. Bewegungen unterhalb der Hüfte sind zu vermeiden. Sie sind fast immer Ausdruck der Nervosität und wirken zudem infragestellend oder abwertend. Gesten und Mimik müssen mit dem Gesagten übereinstimmen. Und lieber keine Bewegungen als falsche, als solche, die nicht zu den Worten passen.
Zweitens: Lieber keine Bewegungen als angelernte. Rhetorik und Schauspielerei haben nichts miteinander zu tun. Was bei einem andern gut wirkt, muß bei einem selbst nicht unbedingt gut wirken. Nicht andere imitieren, nicht andere kopieren. Ein Mann aus Hamburg und einer aus Catania werden sich vor ihrem Publikum unterschiedlich verhalten. Aber jeder kommt gut an, wenn er er selbst bleibt. Tucholsky sagt dazu: »Suche keine Effekte zu erzielen, die nicht in deinem Wesen liegen.«

Kommentar:

Und drittens: Lieber keine Bewegungen als programmierte. Es gibt Redner, die das tun, die sich vorher überlegen, mit welcher Geste sie etwas unterstreichen wollen, sich allenfalls sogar entsprechende Notizen machen. Woran merkt man, daß Bewegungen programmiert sind? Die spontane Geste, die aus der inneren Bewegtheit kommt, geht immer dem Wort voraus; die programmierte hinkt hinterher. Auch wenn das Rationalisieren nur Sekundenbruchteile benötigt, so genügt das schon, damit die Geste nicht mehr natürlich wirkt und bei den Zuhörern ein ungutes Gefühl entsteht.

Bewegungen sollen immer Ausdruck der inneren Bewegtheit sein und lieber keine als falsche, als angelernte, als programmierte.

Gesetz Nr. 99

Ein Redner muß begeistern können.

In dir muß brennen, was du in anderen entzünden willst.

Augustinus

Kommentar:

»Das Verständliche an der Sprache ist nicht das Wort sel-
ber, sondern Ton, Stärke, Modulation, Tempo, mit denen eine Reihe von Worten gesprochen wird – kurz die
Musik hinter den Worten, die Leidenschaft hinter dieser
Musik, die Person hinter dieser Leidenschaft: alles das also, was nicht geschrieben werden kann.« Wir stimmen
Friedrich Nietzsche, von dem diese Worte stammen,
wohl alle zu. Doch woher nehmen wir diese Engagiert-
heit, diese Eindringlichkeit, diese Begeisterung, die es
braucht, um andere zu überzeugen? Aus der eigenen
Überzeugung! Das trifft sicher in den meisten Fällen zu,
und es ist ohne Frage auch der Idealfall.
Aber können wir immer überzeugt sein, von dem, was
wir sagen? Leider nicht. Mitunter müssen wir etwas vertreten, das wir lieber anders gehabt hätten. Wir haben uns
vielleicht in der Entscheidungsphase mit Hand und Fuß
dagegen gewehrt, und es ist dennoch beschlossen worden. Wir müssen es weitergeben, müssen andere dafür gewinnen. Wir können es nicht lau machen, und wir können
auch nicht jedesmal einen anderes für uns ins Feuer schik-
ken. Wir müssen es gut machen, obwohl wir selbst nicht
oder nicht in allen Teilen von der Sache überzeugt sind.
Wir können die Nachdrücklichkeit, die Begeisterung, die
nötig sind, nicht aus der eigenen Überzeugung beziehen,
sondern müssen sie aus unserer Funktion schöpfen, aus
unserer Aufgabe, aus dem gesteckten Ziel.
Wir wollen damit nicht sagen, daß man über alles und jedes überzeugend reden kann, vorausgesetzt man besorgt

sich einen entsprechenden Aufhänger. Es wird immer wieder Reden geben, die zu halten man ablehnen muß, um nicht die Selbstachtung zu verlieren und darüber hinaus die Glaubwürdigkeit bei anderen für die Zukunft.

Gesetz Nr. 100

Den Ausschlag gibt die Persönlichkeit.

Nicht das Argument, sondern die Person überzeugt.
Friedrich Sieburg

Kommentar:

Wie groß ist der Anteil der Persönlichkeit am Redeerfolg? Ist diese Überlegung überhaupt von Bedeutung? Genügt es denn nicht, wenn der Redner in der Sache kompetent ist und es zudem versteht, sie gut vorzutragen und zu vertreten? Natürlich genügt das nicht! Es kommt nicht nur darauf an, was man sagt und wie man es sagt, unter Umständen kommt es viel mehr darauf an, wer etwas sagt.

Das Wort allein hat kein Eigenleben. Dahinter steht der Mensch mit dem Gewicht seiner Persönlichkeit. Und er, der Mensch mit seiner Glaubwürdigkeit, gibt den Ausschlag. Es können zwei Redner genau dasselbe auf dieselbe Art sagen: der eine überzeugt, der andere läßt kalt oder weckt gar Zweifel.

Die bejahende oder ablehnende Stimmung im Publikum kann sich im Laufe des Vortrags bilden, sie kann aber auch bereits beim Erscheinen des Redners entstehen. Nicht zuletzt hängt die Stimmung davon ab, ob der Redner die Fähigkeit besitzt, Emotionen zu zeigen und bei den Zuhörern Emotionen zu wecken. Ähnlich wie dem neuen Lehrer, dessen weiteres Schicksal sich oft schon in dem Augenblick entscheidet, wo er die Klasse zum ersten Mal betritt, kann es dem Redner bei seinem Auftreten gehen. Wenn die Zuhörer spüren, daß er ihnen Wohlwollen entgegenbringt, dann hat er sie bereits ein Stück für sich und seine Sache gewonnen.

Wohlwollen erweckt Sympathie. Das Publikum spürt: Hier ist einer, der mit uns fühlt, sich mit uns freut, mit uns leidet; kein kalter Besserwisser, nicht einer, der seine Überlegenheit dokumentieren will, sondern ein Mensch wie wir, der zudem die Gabe besitzt, das zu sagen, was wir empfinden.

Aus der Sympathie entwickelt sich das Vertrauen. Vertrauen in die Aufrichtigkeit, aber auch in die Kenntnisse und die Kompetenz des Redners. Wem man gerne recht gibt, dem gibt man es leicht; wen man gefühlsmäßig nicht leiden mag, gegen den wehrt man sich auch gedanklich.

Über das Vertrauen führt der Weg zum Achten des Redners und von dort zum Akzeptieren seiner Überlegungen und Vorschläge. Wer die Achtung und Wertschätzung seiner Zuhörer genießt, verfügt über die Autorität, seinen Gedanken zum Durchbruch zu verhelfen. Achtung und Wertschätzung und damit echte Autorität wird aber immer nur besitzen, wer natürlich bleibt, wer sich so gibt wie er ist, wer zu seiner Eigenart steht – und wer aus dieser, seiner individuellen Eigenart, seinen Anlagen und Fähigkeiten etwas gemacht hat. Darum ist Persönlichkeitsbildung für den Redner so wichtig.

Der ist der vollkommene Redner, bei dem sich ausgeprägte rhetorische Fähigkeiten mit einer positiv entwickelten Persönlichkeit vereinen.

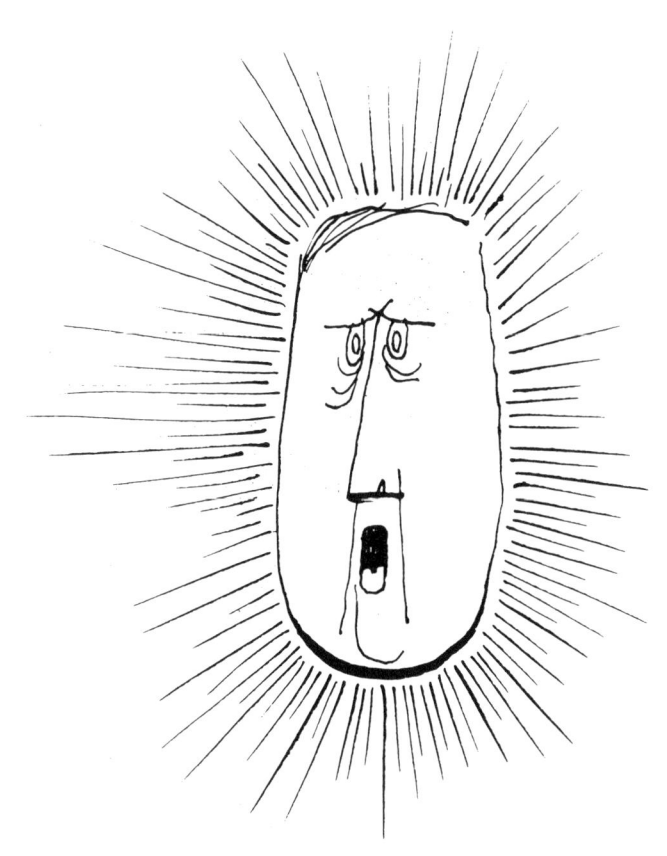

Stichwortverzeichnis

300

302